吉林成氏家譜

宣統二年十月

歸安朱祖謀題

吉林滿族家譜

歸安朱祖謀題

宣統二年十月

圖書在版編目(CIP)數據

吉林成氏家譜 / (清) 成榮泰輯録 ; (清) 成多禄訂補. -- 鄭州 : 中州古籍出版社, 2019.3
ISBN 978-7-5348-8487-0

Ⅰ. ①吉… Ⅱ. ①成… ②成… Ⅲ. ①家譜－吉林－清代 Ⅳ. ①K820.9

中國版本圖書館CIP數據核字(2019)第037142號

吉林成氏家譜（一函三册）

吉林省圖書館據館藏清宣統二年石印本整理影印

編　者　［清］成榮泰 輯録　成多禄 訂補
責任編輯　閔世勇
出　版　中州古籍出版社
地址：鄭州市鄭東新區金水東路三九號C座
郵編：四五〇〇一六
承　印　鄭州創維彩印製作有限公司
印　數　一—五〇〇册
版　次　二〇一九年三月第一版
印　次　二〇一九年三月第一次印刷
定　價　陸佰圓

ISBN 978-7-5348-8487-0

洪洞成氏

國初隸旗籍康熙中屯邊吉林

族姓蕃衍　祝三太守出示斯

譜蓋其　贈公所輯而成於君

也東省追屢強隣公私亟思

自立孰知守先王之禮教敬宗

收族敦崇孝弟為自立之

大者哉華陽喬樹枏敬識

謝函敬悉

[illegible]

[illegible]

[illegible]

[illegible]

[illegible]

[illegible]

[illegible]

[illegible]

廬出其先世遺象陳列致奠朔漢聚觀者以
為此中夏之禮成氏徙邊二百數十年而
贈公譜例猶孜孜於別宗屬懷故土殆興希
亮同心均足以敎孝於後世嗚呼厚矣嘉慶
道光閒寶應成先生蓉鏡邃於經箸禹貢班
義述粲然有家法不知於洪洞礶山之成孰為遠
近竹山其能過而訪其宗乎是譜既有與撫程公
朱硯生前輩張季直同年三序遂為之跋如右
宣統二年九月既望武進屠寄

右吉林烏剌成氏族譜如干卷竹山叅議之
贈公中憲君所手輯也成氏得姓受氏之原與
夫播越柳邊之故其詳已見　贈公自序茲不
贅竊攷烏剌者本遼甯江州地明時蒙兀種
人扈倫四部之一烏剌所居爲我
太祖皇帝所滅康熙時設烏剌總管於此凡
采珠户悉隸之其地距船廠北偏東六十里

屠跋

有城瀕宋瓦江（國語雲漢曰松嘎里今轉爲松花江曰烏剌宋瓦之名見金史地志）東望
長白山川明秀乙未九秋予隨松巖將軍按事
黑龍江寄過之其旹惜未識竹山也今夏六月
道出蘇州因湯君蟄仙識竹山於巡撫程公幕
恂恂有道君子文章爾雅竊願交其人八月再
過竹山出眎其族譜予讀而韙之昔耶律希
亮遭渾都海之亂轉徙天山南北四時即穹

嘉平月七世孫多祿謹識

譜字　　號　　支

弟　世　　領藏

譜後序

先中憲公立族會置祭田作譜系圖俾子孫世守傳之亡窮此旨殷撈生平如恐不逮嘗顧族人訓 祿曰以父母之心為心則天下無不友之兄弟以祖宗之心為心則天下無不和之族人儒先精倫理之學發為名言女繹此恉而達吾志家譜其一端也 祿謹志之受命以來夙夜祇懼顧早年顛倒場屋壯歲犇走幾不暖席辛丑自塞上歸欲成此編以參攷一二事未稿而止既而于役龍沙吏事遷延又不果及戊申送雲陽中丞南旋稽滬上者累月迺徧徵名賢序跋弁諸首今年春中丞重撫陪都余亦相從幕次稍暇始將鄉之藏諸篋衍者敬謹鈔錄釐為十篇序次如右嘿念 先中憲公生平孝友性成彝倫攸叙而於族譜之事尤用兢兢終以未克成書為恨 祿仰承先烈智識譾陋惡能譜世系而述遺徽然而訓誡之深付託之重言猶在耳感不去心勉為編輯以冀慰先靈地下耳後有賢子孫能光先業者或詳於記載或精於義瀍賡續重編此為嚆矢可也宣統紀元己酉

皆列後準之諸子百家灋言越絶書論衡潛夫論文心雕龍類不勝數序皆列後故序例列後也章析之越絶書例也有標目焉史記正義例也説文汗簡類篇目亦列後然旁證少矣故弗爲其辭也小目列上大名列下古經解史傳類然陸游作南唐書尚由舊（於上故著禮記於下此古本小目列上大名列下之明證 禮記目錄曲禮上第一疏引呂靖曰既題曲禮）也重槧移之陋也（語見錢曾讀書敏求記）譜古制也灋從古類也譜例甚多而獨多取紀氏一家之書從所好可也

右序編次標目之例

牒遺逸畧盡是以具書其支派不曰眷唐書宰相世系裴氏稱東眷中眷西眷僻也曰次弟據後漢書第五倫傳文也傳曰其先齊諸田諸田徙園陵者多故以次弟為氏己所自出曰某公據白氏家傳文也族之尊者亦曰公據柳子厚叔父墓版文其亡官者亦曰公據吳仲山碑文也漢故民吳仲山碑偁吳公仲山洪适曰故民者物故之民也見隸釋九婦曰某夫人據歐陽氏譜也睦夫人欽夫人等皆繫夫之名夫人黃氏等則繫婦之姓士庶妻亦曰夫人據朱子語類也語類無爵曰府君夫人漢人碑已有只是尊神之祠曰元配據晉書禮志文也志曰前妻曰元配後妻曰繼室曰繼配據王介甫葛源墓誌文志曰繼配盧氏介甫又據

成氏家譜序例　六

儀禮也儀禮喪服傳曰繼母之配父與因母同不曰繼室古之繼室非妻也說詳左傳隱公元年杜氏注及孔氏正義不曰中娶世說注引溫氏譜文不曰次配韓愈昭武將軍李公誌文皆僻也其父稱諱據曲禮文也曲禮婦諱不出門正義曰婦家之諱其佚姓者曰某氏據晉書禮志文也志曰吳國朱某入晉賜妻某氏內忌亡文以內諱例之也世說王藍田拜揚州主簿請諱教曰亡祖先君名播海內遠近共知內諱不出於外餘亡所諱

右序偁名之例

準之經易序卦書序詩序皆列後序卦移於李鼎祚書序移於僞孔傳詩序移於毛萇皆非古也今惟序卦復其舊準之史史記自序漢書敘傳

牆上譜載行事據唐書經籍志也唐書經籍志家傳入傳記家譜入譜系各不相屬舊唐書經籍志始合為一類入譜之歲古無正文庚會終於十九阮牖卒未弱冠二氏之譜載焉見世說注蘇東坡年已二十老泉乃不列於譜非所詳也譜偁至和二年作以東坡年譜攷之持已二十前一年昏王氏矣景城紀氏定以十六歲從版籍也晉法始以十六成丁見晉書范甯傳今仍之

右序損益古法之例

古以紀謚系者為牒史記三代世表司馬注曰牒者紀譜系之書也故王氏有家譜復有家牒唐書藝文志又以紀世次者為圖故歐陽氏譜所列世系全為表式而別署曰圖然史記年表桓譚謂旁行邪上竝效周譜語見南史劉杳傳劉知幾史通亦引之則譜式本曰表劉勰謂譜者普也注序世統事資周普見文心雕龍則普為紀世之正名仍曰譜者從朔也古但曰某氏譜世說注所引皆曰某氏譜惟王渾一條偁家譜疑其羨文曰家譜據隋經籍志唐藝文志所載題里居亦據隋志唐志也隋志有京兆韋氏等譜唐志有東萊呂氏家譜曰某支據楊氏譜也通志藝文畧楊氏枝分譜一卷其文始見唐扶頌漢成陽令唐扶頌有苗胄枝分之語見隸釋五其省為支則據北齊魏收傳文也傳載收對楊愔曰往因中原喪亂人士譜

世冠子字文弗別也其亡子者注名下亦歐陽氏譜
例也蘇氏注於次格在末格則例窮也歐陽氏譜格
盡別起者重書一世明所承也論書第一譜之末又書第二譜之首託書
第三譜之末又書第四譜之首今次譜惟注其之子省複也圖則合
十一世爲一省注也支派失傳者入譜荀氏家傳例
也世說注引荀氏家傳曰巨伯漢桓帝時人也亦出潁川未詳其始末後裔亡考者入
譜歐陽氏譜例也歐陽氏譜於名下注闕字蘇氏譜於祖父之名
加諱字歐陽氏譜則從同譜者一族之公非一人之
私也故不從蘇氏也序述之文歐陽氏蘇氏皆名蘇

氏乃至名祖父族譜後錄偁吾祖杲吾父序今不從嫌斥也詳譜
本宗別支則略歐陽氏蘇氏例皆然然二家之譜一
支一譜者也今之譜一族一譜者也一支一譜各詳
所生即彼此可以互明一族一譜例亡別見義不得
而偏略也蘇氏譜生卒注名下今從古濼不記遷從
今記從歐陽氏也蘇氏不記婦族及女之所適今亦
記從古濼也世說注引謝氏譜袁氏譜譜載瑩墓據隋書經籍志
載楊氏譜也其圖則參用金石例也潘昂霄金石例一引古金石例
云墓圖作方石碑先畫墓圖有作圖象者內畫墓樣各標其穴某人其石嵌之祭堂壁上無祭堂則嵌圜

序述之文皆書字佚字則名亦辭窮也八世以下皆名卑乎我也六世以上曰某公尊也七世則惟字亡字則名齊乎我也繼嗣書立孫亦書禮有變也庶母不書所生母統於嫡也異母之子不分載統於父也殁而亡嗣者書別於存而有待者也亡子而婦守節者雖未立嗣亦不書（不書亡嗣也）宜有嗣者也婦改適者書庶氏之母孔門不諱經義也晉王氏之譜并離昏而不諱也（世說注引）今不書隱夫凱風孝子之恫也（右序）

（雜書法之例）

譜有表歐陽氏蘇氏皆然（兩譜各見本集）兼作圖據錢氏例也（通志藝文略錢氏有慶系譜後有慶系圖又後漢書盧植傳言同宗相後披圖按牒以次可知）詳字與官爵據世說注所引諸譜也其亡官者魏氏譜偁處士（世說注引魏氏譜曰顗字長濟會稽人祖允處士）今不從惡飾也漢代碑陰氏與處士別也蘇氏譜注不仕今不注亡庸注也魏晉諸譜婦皆注名今不注據孔叢子（孔叢子抗志弟十曰衛將軍文子之內子死復者曰皋媺女復子思聞之曰此女子之字非夫氏之名也婦人於夫氏以姓稱禮也）又或注次弟（世說注引羊氏譜謝氏譜王氏譜）今不注婦以夫為長幼也有子注生幾子歐陽氏譜例也蘇氏譜世

徑躡名位簪笏滿牀擧世榮之故以思榮訖焉凡十篇 右序分篇之例

譜曰吉林志始也斷自始遷戒妄附也

中憲公作世系圖序姓源詳其地不詳其人愼也述不博偁猶前志也十一世萃於一譜合之也諸篇引首繫以四言漢書例也七略稱子雲家牒載以甘露生 文選王儉集序注引 周氏譜載翼以六十四卒 劉孝標世說注引 敘生卒遵古灋也婦譜卒而不譜生其卒於我而非生於我也其卒有忌日之禮其生非長幼所繫也詳於

表中不再立傳省複也仿金石例作墓圖繫以甲乙示別也凡移撥遷徙雖近必書愳失攷也祠雖未成禮擧也田雖未多祭行也舊譜名多相襲定以字則諱可亡犯也歸熙甫爲夏太常作世譜 見本集 黃梨洲自爲世錄雜記 見本集 存蓺文志勿忘也至制誥璽書旌表者壽皆君賜也隸於篇末所以寓忠孝無窮之思也 右序編纂之例

字諱事實並書臨文不諱也佚名則字佚字則次弟 今日排行 佚次弟則記以方空 逸周書穆天子傳凡闕字皆作方空 辭窮也

序例

世系圖者所以別昭穆定秩序也按圖而稽一譜之分合若綱在綱有條而不紊此為先中憲公手訂故冠諸首萬派發於一源知其源迺知派之所從出故次支派生卜居卒營兆生有所聚死有所歸其義一也故次塋墓去國宜紀去鄉亦宜紀散而渙焉愳亡稽也故次遷徙會典廟制天子以至庶人有家祭則有家廟禴祠蒸嘗亡貴賤一也故次祠宇范氏義田孝子慈孫百世引為鉅典故次祭

田旗籍偁名不偁姓譜系愈繁命名易複嘗有本支卑幼之名顯犯尊長者況遠支耶故次命名詩云不思舊姻求爾新特孟浩然云為結潘楊好蘇軾云何年顧陸丹青手畫作朱陳嫁娶圖古人於昏因之道三致意焉故次昏嫁言之亡文行而不遠孔子論夏殷之禮文獻並重有獻亡文徵攷闕如故次藝文北史張彝傳子始均著冠帶錄蓋通籍者紀國恩所以揚家慶也晉書夏侯湛傳伊尹起庖廚而登阿衡甯戚出車下而階大夫外亡徵介內亡請謁矯身擢手

坤保

九世永山

七品頂戴

八世文保

恩貢生

六世明泰

拔貢生

七世多祿光緒乙酉科

附生

七世文齡

多祿光緒四年科考入學

國學生

六世清泰

八世瑞保

榮保

璽葆

吉林成氏家譜卷之十

璽祿

榮祿

八世福祿

六世清泰

圖寧生

多祿 林先孝撫八四學年

七世文錦

附生

七世多祿 札撫乚百轩

振寬生

六世明泰

恩寬生

八世文解

七品頂戴

九世永山

坤福

知府
七世多祿光緒三十二年補授黑龍江綏化府知府
同知
七世多祿候選同知
防禦
八世桂保烏拉協領衙門正黃旗防禦
驍騎校
六世榮泰歷任烏拉總管衙門正紅正藍各旗驍騎校
筆帖式

八世祥保烏拉總管衙門筆帖式
委官
五世薩秉阿烏拉總管衙門委官
九世永山烏拉總管衙門委官
五品頂戴
九世永良
十世滿昌
六品頂戴
八世崇保

封贈

五世薩秉阿 誥以保卿公官贈武畧騎尉

元配楊氏 誥封安人

繼配關氏 誥封安人

六世榮泰 誥授武畧騎尉以多祿官贈中憲大夫

元配關氏 誥封恭人

繼配瓜爾佳氏 誥封恭人

七世多祿 誥授中憲大夫

元配孟蘇哩氏 誥封恭人

繼配他他拉氏 誥封恭人

花翎

七世多祿

八世桂保

藍翎

八世祥保

崇保

坤保

十世滿昌

制曰虎旅載揚賴芳閨之内助鸞膠再續用寵命以均頒爾打牲烏拉六品委驍騎校榮泰之繼妻關氏敬能表範賢克相夫既叶吉於巾帼家閑雍肅受敷榮於環珮國慶宏施兹以覃恩封爾為安人於戲望前徽而媲美令範攸昭膺天室之殊恩芳型彌播

同治十一年十月初九日

同治十一年十月初九日
定九來函告望補譜
蹈為安人於殿堂前徵石鐫美合記欣治齋夫
閫範肅雍[illegible]於[illegible]祇國康[illegible]施絲以章恩封
兼闔良箴能孝範贊克相夫子吉於中林家
以好頌[illegible]打椿高拉六品安[illegible]書效榮春之議
謝日光旅其揚婦於閨之內助[illegible]賢相[illegible]周[illegible]之令

受敷勞於環珮國慶宏施茲以覃恩封爾為安
人於戲望前徽而媲美令範攸昭膺天室之殊
恩芳型彌播
咸豐五年十月二十日

奉
天承運
皇帝制曰簡甲兵以樹績騎士為雄懸爵賞以使
人武臣是賴爾打牲烏拉六品委驍騎校榮泰
職司列校藝冠諸軍簡閱銳師夙號熊羆之旅

弼成賢將能諳虎豹之韜茲以覃恩授爾為武
略佐騎尉錫之敕命於戲著嘉烈於戎行祇承
休奬書成勞於策府勉効馳驅

制曰宣力奏功固賴同心之喆配推恩逮下聿昭
盛世之隆規爾打牲烏拉六品委驍騎校榮泰
之妻關氏效順於家能宜其室備切箴規之助
宵旦殷勤式逢慶澤之施絲綸璀璨茲以覃恩
贈爾為安人於戲淑德揚於中饋樹乃壼儀庥
章錫之天朝用貽遺範

同治十一年十月初九日

奉

天承運

皇帝制曰簡甲兵以樹績騎士爲英懸爵賞以使

人武臣是賴爾打牲烏拉驍騎校榮泰職司列

校藝冠諸軍簡閱銳師夙號熊羆之旅粥成賢

將能諳虎豹之韜兹以覃恩授爾爲武略騎尉

錫之敕命於戲著嘉烈於戎行祇承休奬書成

勞於策府勉效馳驅

制曰宣力奏功固賴同心之喆配推恩逮下聿昭

盛世之隆規爾打牲烏拉驍騎校榮泰之嫡妻

闗氏效順於家能宜其室備切箴規之助宵旦

殷勤式逢慶澤之施絲綸璀璨兹以覃恩贈爾

爲安人於戲淑德揚於中饋樹乃壼儀休章寵

自天朝用昭遺範

制曰虎旅載揚賴芳閨之内助鸞膠再續用寵命

以均頒爾打牲烏拉驍騎校榮泰之繼妻闗氏

敬能表範賢克相夫既襲吉於巾褂家閑雍肅

欽惟春範有史相天既讓書於中注究閑緯肅
以均領爾打盛高授者校業表之鑑書闕凡
制日茂旅兼諸被閩人內閣賞隈再讀用說令
自天朝用昭遺範
為兵入於滿洲德指於中讀樹乃壹像休章藏
臣勤天達廣譯之說旅給籌藥茲以買思牆圖
關內旅順於家諸宜其寶論切職親之助常旦
藏臣之陸規圖討淮高拉職滯核之泰婚要
制日宣力泰功國鎮同心之語既撫恩遠下筆昭

欽定新書表第十 三

營於家有稿成憲籌
鑑之敕命於歲盡列於文行於本林其書成
將從請元能之聲殺以章思按爾高氣路領關
欽豐冠議章備閱說評風統龍圖之於高於譜
入武臣見職輔打建言遂龍請核宗奉職旨列
皇帝制日萬中於以樹續請古為策賞以後
天承運
奉
同治十一年十月初九日

爾為安人於戲奬勞臣而錫命彩煥鸞章嘉賢
母以揚休輝增象服

咸豐五年十月二十日

奉

天承運

皇帝制曰奮揚威武固資宣力之臣敷錫寵光用
表推恩之典爾薩秉阿廼打牲烏拉六品委驍
騎校榮泰之父躬修克毖庭訓時勤門祚開祥
早授豹韜之略天家有慶聿頒鸞誥之書茲以

覃恩贈爾為武略佐騎尉錫之敕命於戲義方
懋著其教思果堪負荷休命用酬其貽穀慰爾
劬勞

制曰功著戎行勞臣有匪躬之節恩均鞠育人子
無異視之情爾關氏廼打牲烏拉六品委驍騎
校榮泰之繼母婦儀夙著母範克敦忠勇教成
愛固適於己出寵榮溥被誼不殊於本生茲以
覃恩贈爾為安人於戲奬勞臣而錫命彩煥鸞
章嘉賢母以揚休輝騰馬鬣

奉

天承運

皇帝制曰奮揚威武固資宣力之臣敷錫寵光用
表推恩之典爾薩秉阿廼打牲烏拉驍騎校榮
泰之父躬修克惢庭訓時勤門祚開祥早授豹
韜之業天家有慶聿頒鸞彩之書茲以覃恩贈
爾為武略騎尉錫之勅命於戲義方懋著其教
思果堪負荷休命用酬其貽穀慰爾劬勞

制曰戎事宣勞每興懷於將母王廷沛澤爰錫類

以榮親爾楊氏廼打牲烏拉驍騎校榮泰之母
克修壺則聿著母儀教子矢忠蓋之忱兜鍪煥
彩酬庸本庭幃之訓綸綍生光茲以覃恩贈爾
為安人於戲際燕喜之昌期甯忘國命受鸞翔
之典冊丕振家聲

制曰功著戎行勞臣有匪躬之節恩均鞠育人子
無異視之情爾關氏廼打牲烏拉驍騎校榮泰
之繼母婦儀夙著母範克敦忠勇教成愛固逾
於己出寵榮洊被誼不殊於本生茲以覃恩封

恩榮錄卷之十

成氏家譜

惟家有祥澤國有慶世篤忠藎自天有命譜系吾家

後先輝映寵書褒榮綸綍封贈卓卓奎章輝照上苑

題隱宗親子斯為盛何以報國所冀于姓譜追崇

恩榮篇第十

成氏家譜

惟家有祥惟國有慶世冑簪纓自天有命澤被吾家後先輝映璽書褒榮旌卹封贈卓卓奎章緝熙止敬顯揚宗親于斯為盛何以報國所望子姓譜恩榮

往往與當路牴牾雖旋落旋起絶不少易本來之面目以取媚於時其官僅以驍騎校終云方罷筆政而家居也與居與遊多當世英傑杜門謝客益自刻厲意有所觸託為歌詠不必盡合古人必曲達其恉而後快彼世之營營干祿者賢不肖判然已生平宅心仁厚一以博濟為懷甲子乙丑間兵燹洊平難民靡所附保鄉嘗為牧養度其力之所至或置田宅或責負販及走伻紀綱者流世俗之靡也慳吝鄙嗇遇人急難事走避之不遑甚至博寬大之名陽為慈善即

親若昆弟有時儕於路人保鄉之所為不尤足矜式一鄉而為歸厚之俗之一助哉由是知保卿介乎出與處之間雖未能顯達於時而卓然可傳者良多矣宜其後之必昌也至其籍貫與其生平多生族志特詳不復覼縷銘曰

東華佼樸亦行亦藏基嗣之矩嫮鄙之光嶷然阡表下詒茫茫

吉林成氏家譜卷弟九

下諮語

采華佼樸亦行亦藏基詞之莊嚴端人之光饒漆許春
詳不復觀纔錄曰
宜其後之必昌也至其精貫與其生平之主旋志持
與衰之間雖未能顯達於時而卓然可傳者良多多
一鄉而為歸厚之俗之一助故由是知保御介乎也
鏡若見者有時揀於路人語鄉之所為不尤足溶失

急難事先遣之不遑惠宰寬大之公陽為遷善即
負嗷及其仵托綱者流世俗之輩地懼者論為遇入
所耕保卿當為收養度其力之所至設置田宅設貴
仁厚一以周濟為懷中寸心其間兵發救乎難民肅
後樣族杖世之富擔于族者贈不宜則賤已遂乎定必
意有所獨也言為鄉族不必盡合古入也由達其情而
家居也與居與適之當無族保其門論客益自劍屬
自以取補於許其宜謹以體謝救數古今篇章政而
往往與當路俟俗通論落者其後道有少為本末之酉

中食指常滿 祿 駑鈍不才不能博甲乙第上慰親心
歲戊戌赴瀋陽贊戎幕踰年以安輿迎養異鄉團聚
天倫至樂毛生捧檄不是過也詎意庚子之變遼海
震驚大府懍停戰諭弛堵禦而亂民四起城市為空
不得已奉母北行茹雪飲冰備嘗艱苦先是同治丙
寅烏拉馬賊四擾太宜人攜姊及 祿 遯避荒陬歷受
驚悸至是間關朔漠土匪梗途太宜人雖軫撫諸孫
言笑自若而遲暮之年經此顛苦流離氣日以耗體
日以孱精力為不支矣辛丑春抵吉痰嗽大作夙之

鼻衄症至夏並發參著雜投卒無效屬纊時神明不
滅所以處置家政敦屬子孫者至周且當嗚呼痛哉
祿 事父亡狀未得親視含殮萬死莫贖方冀長依慈
闈蓋前愆而盡子職胡天不惠降此大戾今而後又
為失恃之人矣搶地呼天曷其有極茲以大亂初平
厝匶蕭寺窀穸未卜謹述我母行略尚冀大君子鉅
製鴻題為之闡幽光而揭諸墓道則 祿 舉家之所厚
幸也太宜人於道光乙酉十二月二十五日巳時生
於光緒壬寅五月二十六日戌時卒享年七十有八

於先生壬寅五月二十六日戊戌時年七十有八
年也太宜人方氏先己酉十二月十五日巳時生
纂鴻題為之闡幽光而揭諸墓道則森舉家之所願
倘圖請于宮守下述執毋行紹尚冀大君子錫
為先侍之人多信地竹天昌其有極誌以大亂相平
間蓋前後而盡于職胡天不惠降此大疾今而後又
事又之狀未得親視合致萬死莫贖方冀長保遐
誠所以處置家政決屬予孫者至周且當驚予痛哉
鼻姻淫全貞遣發喪卷藥敦卒無效屬纊時神明不

[illegible]大宗譜卷九

十

日以精力為不支矣辛丑春林吉康樂大作風之
言笑自若而適春之辛變此頓若流離氣日以耗體
諸孝至先閒關納湊上匯捷迄太宜人雖紗[illegible]諸
實為接息賊口後大宜人嫁及遍避亂脫歷受
不得己奉母北行諸道飲泳悄富窮苦先是同治
處饑大府稟傳繳論飭諸零而亂民四起城市蕭空
又論主樂毛主持職不是過也靡善庶乎之變遺海
殺改挂篤陽貴成孫省年以安與迎養鄉園歲
中會稽常諸森篤志不才不能博甲乙第上慰親心

淚墨交揮不知其語之無次也謹按太宜人瓜爾佳
氏烏拉滿洲世族贈伊犂將軍世襲一等威勇侯□
公次女原任伊犂將軍榮侯榮侯諱全之胞妹也年三十
歸先君為繼配時先大母在堂高年善病太宜人曲
盡孝養議酒食侍湯藥細如廁牏洒埽諸役必躬必
親里閈姑章時舉其事相風誡先君供職烏拉夙夜
在公不遑家食太宜人督僕婢飭耕織靡不惠行而
事舉祿生時先君已年逾四旬先大母尤憐愛故刻
責為寬太宜人素法程毋遇事指授楚督綦嚴雖小

成氏家譜卷第九　九

過不稍貸祿之稍知成立者太宜人教也同治中先
君忤上官罷職太宜人處之怡然蓋生長貴冑初不
縈情於軒冕也丁卯年先大母卒我母佐先君治喪
哀毀盡禮光緒丙戌先君棄養時祿朝考在都太宜
人沈痛幾殆族鄰勸勉扶病支拄然賓祭之儀既戒
既備初為祿娶孟蘇哩氏繼娶他他拉氏入門必教
以勤儉躬瓅務為之先雖疾痛間作不輟其業嘗訓
祿曰汝家有陰德厥後必昌小子勉之生平天懷淡
定亡煩言劇怒馭下仁慈賙恤姻舊出於至性故廚

年好山水喜禪悅有疾進湯藥輒卻之謂死生數也參苓奚為哉今年春夏間健飯安眠與疇昔亡以異忽於五月十五日似有倦容逾一晨夕竟亡疾而長逝矣嗚呼痛哉府君一生行事曷克周知惟其績學之勤秉性之儉居官之廉取友之端遇物之厚觀理之達猶能想像萬一其它得諸傳聞者是非互易不盡書府君生於嘉慶庚辰年十二月二十七日丑時卒於光緒丙戌年五月十六日巳時享年六十有七子一即不肖多祿光緒乙酉拔貢娶孟蘇哩氏女一適邑庠生富森保孫壐葆女孫一此府君生平大略伏處鄉閭亡以表襮人世海內博學鴻儒幸哀矜而潤色之感且不朽多祿謹狀

誥授中憲大夫四品京堂愚姪鄭孝胥頓首拜填諱

先妣瓜爾佳太宜人行狀

嗚呼不孝多祿弱冠喪父自後一絲粟之微皆太宜人是恃一朝棄養家政棼如亂絲千頭萬緒莫理其端不肖踽天蹐地益觸孺慕之私且思懿訓就湮而我母鞠育恩勤不稍表襮於世為辠滋大此所為

而教毋獨育恩知不稍衰凝於世為善循大此所為
真諦不貴媚天贈也益勵儒業之初且思議創就達
宜入是將一朝參春秋鼓舞知亂繼十頭萬銜莫理
鳴呼不若人稱治道者以自後一線之微留太

先妣[illegible]酒佳太宜人行狀

誥授中議大夫四品京堂恩綬[illegible]青顯音拜撰
調也之歲且木杉方諒臺狀
伏[illegible]御閱已以素讓人世海内博學鴻儒季家[illegible]
遺也庫生富蘇條稱通諸太綸一此府君生平大略

以[illegible]叢書卷九

八

子一即不肖多稱先妣己酉[illegible]宜夷孟[illegible]曲以去人
平六先[illegible]府以乙卯年五月十六日巳時享年六十有七
嘉書府君生於嘉慶戊辰年十二月二十八日其時
人達諭能根儒業一其究[illegible]諸傳開者足非為其身不
之類身勝之[illegible]居官之廉能救之[illegible]諸遺[illegible]之[illegible]理
遞於[illegible]守福[illegible]府[illegible]一之行事為兄[illegible]知[illegible]具[illegible]學
遲於子日十五日[illegible]有[illegible]各遇一[illegible]少[illegible]而長
家各奧為戲今年春夏間旋[illegible]安眼與[illegible]音[illegible]以[illegible]
平[illegible]山[illegible]有[illegible]遇[illegible]節[illegible]先[illegible]數也

批口辯判決如流遂得平反長官方知其能而嫉之
亦愈甚會先祖妣病馳歸坐擅離去官家居十載行
吟澤藪恆與販夫牧子歌歗而往來初不營營於利
祿先祖妣卒府君哀毀骨立水漿不入口者累日同
治庚午光復錄用益以風節自勵屢應遷擢皆為所
沮卒以騎尉老云居恆寡交遊嘗兀傲自喜惟與衛
輝高公善高公者政績炳一時即世所稱雨人太守
者也旅京旅吉時相過從吾鄉於濂洛關閩之學久
泯其傳惟同里次棠中丞出稍衍其緒一時學者競

相敦囑窮其指趣輒以理學為歸府君敬之重之願
兒輩效之　祿不憚千里請業者府君命也馭下不拘
常格一出於寬時存淵明彼亦人子之意兵燹之餘
難民來自軍中者俗名娃子賤之也府君憐而收養
嘗得三人一關殿得在哈察爾為之置田擇耦至今
猶存一李國昌安徽故家子府君命業賈有所獲迺
得歸一李元湖北孝感人十歲來余家府君憫其幼
雖異姓若骨月今則娶妻育子女矣生平循循謹飭
不予人難堪不發人隱事故人始忌之而終敬之晚

先考保卿府君行狀

按譜載我成氏族出山西洪洞後遷河南之確山國初歸京旗隸漢軍七世祖鳳鳴公始遷吉林烏拉城（城距吉林七十里）再遷城北其塔木家焉（其塔木距烏拉八十五里）我高祖廉曾祖緣俱處士王父薩秉阿公始仕於鄉授七品冠帶生三子長明泰次清泰府君其季也府君榮泰公字保卿配先妣氏關生子不存旋亦即世我母氏瓜爾佳少府君五歲府君年四十三始生祿故少年事祿不詳然得諸先祖妣之言實多府君天性

孝友生甫周歲王父遽棄養稍長先伯父持家嚴府君事之維謹自幼不與羣兒戲好聽人讀書年十二就傅百里外向學亡晝夜先伯父愛憐之弱冠欲就試未果遵旗制讀上清書肄國語遂授筆政府君雖從仕性質樸不諂於俗衣大布衣餘十年量不勝酒食但期果腹不求精惟鼻觀酷嗜烟往往心醉服官骨鯁不阿同治中詔採東珠府君與其役適有遺珠競取之府君獨漠然不與校居亡何有雙城獄經歲不決長官頗難此行府君請與俱至則親為訊鞫手

不法長官兩雜以行府君請與俱至則親為試翰手
說取之府君飭漢駁不與技庋乙柯有變流繼經流
骨鯁不阿同治中詔求林東林府君與其族通有遺林
食任則果順不以精悍鼻觀酷嗜烟桂茶心所順宮
從往往齎簿不論落格存大布存餘十年量不勝酒
識未嘗遺讀制讀上清書肆圖諸遂後筆政府君雖
說傳百里外向學之書在先府君文賞識之蓄籍殘缺說
書事之稚生自知不與屑見獻好廳入贊書年十二
春秋生而周歲主父遠書春稍長先府君父授家嚴府

[illegible]氏家譜卷第九

乎年章雜不許別行誠先祖妣之言實多府君又遵
母氏於爾徐少府君五歲府君年四十三始生府君故
皆表公字徐卿征君妣氏大關生于天啟六亦卿也故
又諱寬帶生三子長明來次清春府君其季也府君
高祖惠曾祖穩祖發士主文寬東阿公始任分鄉校
城太城十里吉許遂城北其谷木為居其洛十五里馬族
圖始京族樣漢軍又世祖鳳鳴公始遷吉林烏拉
族譜載於氏族出山西洪洞縣遷河南之禪山
先考徐卿府君行狀

賢爰題數言以志欽仰光緒甲午春三月同里姻

再晚楊誠一敬跋

澹盦詩鈔四卷七世多祿所作待梓

淡盦詩鈔四卷 大中丞陳所作序

香暖樓詩一卷 跋

[illegible]光緒甲午春三月同里[illegible]

雙溪詩卷第八 五

中憲公歸里詩

吾謀適不用歸卧舊田廬去矣冠裳遠蕭然風月疏青山容對酒白髮漸盈梳招集兒童輩還來讀我書

送兒子入塾詩

弓冶念平生傳家重一經有師來自遠勝我訓於庭消息憐雛鳳工夫問案螢何時有心得歸述阿爺聽

懷吳時齋侍御詩

十年宦海總升沈風雨雞鳴感至今記得陶然亭上坐一杯別酒兩人心

喜高雨人出守昌圖詩

全遼俯控古山河名杜康明政不頗喜聽榆城賢太守春風一路頌聲多

多祿謹鈔

附錄楊簡齋明府跋

保鄉先生吾鄉望也二十年來過從頗密所以益吾身心者不少誠自宦游後南北馳驅俗吏風塵鄙夷可想非復當年雅談深坐時也先生不甚吟詩偶一為之自爾絕俗此卷為先生歸里後所作故頗有蕭寥遺世之概誠老矣追念曩昔敬愛鄉

跋頭有意遺世之概試來炙之令人美音欲覺鄉

詩偈一為之自爾脫俗此卷為先生歸里後所作

歸來可想非復當年從游深造時也先生不甚吟

吾身心未了方欲自宜游後由北馳踰越更風塵

得鄉先生音響望也一十年來遍作廣覽所以益

附錄楊簡齋明府跋

守春風一路須華芳　多謹靈妙

金遺翰墨古山河合杜康明政不崩嘉樂榆城舊木

喜高而入山守昔圖詩

澹園詩草卷九　四

望一杯別酒故人心

十年宦海總舒池風雨籬鳥處主今言得陶然亭上

懷吳時齋侍御詩

消息滯鄉鳳江夫問素窗何時有心得歸達河簾聽

可治合平生傳家重一經有師來自遠勝故劍於庭

送兒子入塾詩

青山谷對酒白髮漸盈林花格集兒童輩還來讀書

吾謀適不用歸田舊田廬去來高意逍遙蕭條風月流

中憲公歸里詩

朝墉

附錄宋鐵楳兵備跋

余與竹山交稍晚未及仰瞻先德丰采己酉冬竹山自奉天不遠數千里踰興安嶺來訪出其尊人家書遺墨屬題敬讀一過見宅心之厚用意之周雖不外家人父子閒而吾非求榮於吾身實欲有光於成氏二語實足見家庭傳授先輩典型奉此意以愛家即可推此意以愛國竹山宦成而歸固有光於一家矣尚其引申先訓發皇勳業蘄有光於一國哉竹山其勉諸宣統紀元十月朔有五日後學通家子宋小濂謹跋於呼倫兵備道署

後學道究宇家山源讀跋於心得兵備道署
於一圖識竹山其說宣統紀元十月朔有五日

有光於一家矣尚其引申之闡發皇幽業補有光
意以發家學可推此意以發圖於山室成而歸國
先於成氏之語實又見家傳授之筆與遊來此
雖不外家人父子間而各非泰發於吾身實踐有
究書道墨處題以讀一過見究心之用意之周
山自來天下遠數千里信與安貧來諳此長養人
余與竹山交誼雖未久仰警先緒年來己酉冬杪
附錄宋氏繹兵備跋
朔識

宜自勉勿貪嬉戲也父手諭庚午六月十五日由京
師寶禪寺胡同榮宅寄
字諭吾孫祥保知悉與汝別後靡日不思吾既遠出
所有族中會事及一切昏嫁之資恤貧之費均賴汝
為料簡汝當深體我意沾溉全族萬不可存偏心於
其間也惟各院老幼平安與否汝自知之相隔二千
餘里吾烏得而知之想望情形曷可言喻竊念此行
吾非求榮於吾身實欲有光於成氏汝心地最明白
當早見及也速來函勿遲切囑切囑保卿手字庚午
六月

多祿謹鈔

附錄張白翔司馬跋

此竹山父書也中有句云吾非求榮於吾身實欲
有光於成氏老輩天性之篤胸襟之大即此片言
已足令百世後人聞而興起剙業艱難不信然邪
晚年還山捜羅子姓親疏蔚成族譜若干卷即竹
山問序於余者也此公之光於成氏有志竟成廼
知竹山之守綏化勤政愛民得於庭訓者實多人
顧不重家學哉宣統元年三月二十五日夔門張

[illegible]

六月　　多隆阿敬

[illegible]卷九　二

[illegible]

宣[illegible]勿會[illegible]已久年[illegible]庚午六月十五日由京

中憲公家書

父示吾兒多祿知悉前於五月二十四日將父到京平安及所辦一切耽延盼汝寄信等情示知汝等此際諒早已接得矣今又月餘仍未得吾兒平安家信致父懸念晝夜不寐兼之事機遲滯欲罷不能父臨行時曾囑汝母頻通信函父好在京久羈辦事父自家起身至今將近四箇月並未接得一函此中緣故令人不解父身雖在京心實想汝日形焦灼現在父所辦之事不能迅速亦無定局難以告汝母子只可

聽候定有准局再示汝知吾兒於此次信到日速將汝之頭瘡愈否及汝母汝姊均好更將東西各院前屋東嶺各家大屯七奶奶家老少均好一一分晰稟知父方釋懷再問來存身好汝替吾操持家務甚苦心勞意吾臨行時亦曾諄諄囑汝將吾家中一切情形頻寄信來何以至今多日並未令汝舅舅多祿寄一安函此信到時務即催令照辦速寫信交風口屯令富永送城裏迅覓報便寄來吾即放心再每日送汝小舅舅入塾讀書總令其勤而不苦為要吾兒亦

藝文篇第九

成氏家譜

北人無文爲世所誚豈無哲人匠心獨造寢饋百家靈心四照手澤摩挲金石歌嘯朱絃一聲上薦清廟纂述大原本乎忠孝文字之靈經術之妙譜藝文

纂述大原本乎忠孝文字之靈經術之妙譜藏文
靈心四溢手澤摩挲金石聲嘯木鐸一聲上應清廟
北入無文爲世所譜豈無語入匠心獨運藏譜有名

成氏家譜

藏文齋第九

恩喜元配焦氏焦家嶺焦福利之女

吉林沈氏家譜卷第八

恩喜元配焦氏焦家窩棚焦福利之女

容山元配關氏哈什瑪屯關連會之女　繼配石氏
東哈瑪屯石祥海之女
富山元配楊氏瓦房楊鳳宜之女
喜春元配張氏張家大屯張明之女
連海元配史氏其塔木史廣盛之女
同海元配景氏其塔木景永貴之妹

十世

貴昌元配周氏其塔木周志禮之女
喜昌元配嚴氏其塔木嚴剛之女

恩昌元配石氏小韓屯石嘎爾東阿之女　繼配江
氏張庄子張士倫之妹
毓昌元配戢氏江東四家子戢忠福之妹
滿昌元配楊氏大荒地楊春旺之妹
萬昌元配張氏張大屯張德明之女
銀昌元配戢氏戢家溝戢連義之女
祿昌元配王氏西盧屯王升之女
祿林元配王氏西盧屯王永富之女
桂林元配關氏腰哈什瑪屯關叩林之女

桂林元配關氏碧溪公什陽屯關四林之女
祥林元配王氏西盧屯王永富之女
祿昌元配王氏西盧屯王升之女
綠昌元配劉氏敖家溝劉連義之女
喜昌元配張氏大荒地張傳明之女
瑞昌元配杜氏大荒地杜春旺之妹
福昌元配錢氏江東四家子錢恩福之妹
次娶于子張士倫之妹
恩昌元配石氏小韓屯石寶璽東阿之女

壽昌元配嚴氏其塔木嚴剛之女
貴昌元配周氏其塔木周志禮之女
十世
同海元配景氏其塔木景永貴之姪
連海元配史氏其塔木史廣德之女
喜春元配張氏張家大屯張成明之女
富山元配楊氏馬房楊國宣之姪
東谷豬屯石祥海之女
容山元配關氏碧溪公什陽屯關連會之女

成之妹

永林元配劉氏其塔木劉合春之女

永山元配楊氏撥爾河通楊果中之女

永吉元配劉氏其塔木劉貴之女

永福元配馬氏王家甸子馬永桂之女

永財元配歐氏其塔木歐財之女

永來元配楊氏大荒地楊玉會之女

海魁元配楊氏大窩堡楊鳳財之女

永安元配管氏其塔木管文之女

永長元配江氏張家庄子江連吉之女

永滿元配嚴氏其塔木河北嚴德潤之女

永良元配戢氏戢家溝戢連喜之女

永慶元配韓氏張庄子韓學之女

雙慶元配楊氏博爾河通楊果中之女

永和元配戢氏戢家溝戢雙成之女

永祥元配趙氏羅古屯趙□之女

富海元配趙氏其塔木趙才之女

永長元配趙氏温家屯趙永財之女

承天元配趙氏温家屯趙木貼之女
富海元配趙氏其塔木趙大之女
承祥元配趙氏雞古屯趙□之女
承和元配孫氏敖家溝敖償成之女
寶慶元配楊氏博爾河通楊果中之女
承慶元配韓氏張匠子韓學之女
承良元配戴氏敖家溝戴連喜之女
承滿元配嚴氏其塔木河北嚴德潤之女
承長元配江氏張家庄子江連吉之女

承安元配曹氏其塔木曹文之女
海進元配楊氏大窩堡楊興之女
承來元配楊氏土屯北楊玉會之女
承財元配陳氏其塔木陳顯之女
承福元配馬氏三家子馬永桂之女
承吉元配劉氏其塔木劉貴之女
承山元配楊氏撥爾河通楊景中之女
承林元配劉氏其塔木劉合春之女
成之妹

瑞保元配王氏六台二道溝王□之女　繼配戰氏

戰家溝戰□之女　孫氏小房身孫□之女

桂保元配劉氏新立屯劉忠惠之女

春保元配楊氏大荒地楊寬之女

喜保元配劉氏其塔木劉長春之女

興保元配馬氏包家屯馬德永之女

全保元配廖氏南塔孔屯廖德祥之女

萊保元配關氏西哈什瑪屯關爾河春之女

春虎元配高氏山前怌高德仁之女

璽葆元配關氏吉林滿洲世襲雲騎尉瑞亮之女

奭葆元配馬氏吉林馬家頭台正□旗漢軍驍騎校

馬駿顯之女

九世

長海元配劉氏劉家窩堡劉發之女

永順元配楊氏北山楊萬鈞之女

永亮元配徐氏其塔木徐殿士之女

永廉元配楊氏北山楊萬生之女

永春元配關氏西哈什瑪屯花翎二品頂戴佐領雙

榮陞花翎三品銜即選道魁陞之妹
長女適吉林東關花翎同知銜衣廸紳
川齡元配戢氏戢家溝戢□之女
壽齡元配張氏太平溝張□之女　繼配石氏東哈
什瑪屯石□之女
鳳齡元配温氏温家屯温□之女
松齡元配蕭氏其塔木蕭□之女
椿齡元配王氏五台王□之女　繼配趙氏成家窩
堡趙□之女　戢氏戢家溝戢□之女　周氏周

家屯周□之女
淮齡元配王氏黃毛屯王□之女　繼配趙氏南三
家子趙□之女

八世

來保元配武氏缸窯南夾板嶺武殿生之妹
小有元配侯氏其塔木東鮑家屯侯□之女
祥保元配楊氏北山楊□之女
善保元配嚴氏北甸子嚴□之女　繼配杜氏東甸
子杜□之女　楊氏荒地楊□之女

四世

綠元配杜氏東甸子杜□之女

五世

薩秉阿元配楊氏北山楊□之女　繼配關氏楊木
林子關□之女

女適亮子屯花翎佐領常德

六世

榮泰元配關氏小郭屯呼倫貝爾副都統依□之女
繼配瓜爾佳氏風口屯正黃旗滿洲贈伊犁將軍

□□之女伊犁將軍一等威勇侯榮全之妹

長女適謝家屯鳳□

次女適烏拉街漢軍正白旗五品翼領富森保

七世

鶚齡元配塔氏五台塔□之女

多祿元配孟蘇哩氏吉林北哈達灣正藍旗滿洲記
名副都統花翎協領金福之女記名副都統花翎
協領慶恒之姊　繼配他他拉氏吉林南鰲哈達
屯廂紅旗滿洲贈朝議大夫富紳布之女驍騎校

昏嫁篇第八

成氏家譜

悠悠里閈，戲戲四方，疇為我出，疇屬外黄，記載闕如。有美胡彰，伯叔娣姒，甥舅姑章，蔦蘿是施，松柏是芳。物必有偶，昏因孔臧，閭里之榮，族鄙之光，譜昏嫁

昏禮篇第八

成氏家譜

物必有偶昏因乃通閭里之族莫不以禮[illegible]夫婦合婚

有美幼齡相成[illegible]嫁娶婚[illegible]鼓章萬[illegible]是施於[illegible]長[illegible]

[illegible][illegible]里閭[illegible]處四方請者來出嗣屬于黃言載聞[illegible]

成氏家譜卷第八

二十九世□麟

三十世徵□

吉林成氏家譜卷第七

吉林成氏家譜卷第七

三十世徵□

二十八世□鐵

十一世□霖
十二世翰□
十三世□華
十四世宗□
十五世□溥
十六世雲□
十七世□書
十八世厚□
十九世□澤

二十世承□
二十一世□緜
二十二世綸□
二十三世□昭
二十四世鳳□
二十五世□緒
二十六世繩□
二十七世□秀
二十八世裕□

二十八世裕□
二十七世□秀
二十六世繩□
二十五世□詒
二十四世鳳□
二十三世□昭
二十二世綸□
二十一世□繼
二十世承□

十九世□源
十八世厚□
十七世□書
十六世雲□
十五世□漢
十四世宗□
十三世□華
十二世翰□
十一世□霖

霖翰華宗溥雲書厚澤承緜綸昭鳳緒繩秀裕麟徵

命名篇第七

成氏家譜

繄古命名厥有深義惡疾山川必戒必忌或紀家祥或榮君賜以次而推伯仲叔季孔孟世家昭然勿替脫有參差燕毛莫序後者宗祊視此廿字譜命名

旣有分義旣定萬年綿衍百世猶見此廿字譜命名
成譜告竣以次而推伯仲叔季孔孟世家昭穆乃著
還古今而原有深表甚若山川之成必忌族紀家祥
成氏家譜
命名篇第七

祭田圖

祭田十四垧在烏拉城松花江南岸薩哩巴屯東北距屯三里所中有守墓屋宇坐南向北三間坐西向東三間四面以石柱為界東西北均至壕南至大道地契一紙

吉林成氏家譜卷第六

吉林成氏家譜卷第六

祭田圖

[illegible]

成氏家譜卷之六

據錄及皆係近世所謂族原無嘉木譜譜務曰
譜若疑有基百四十編於江之洞族時伏賜周備生
表田及源流公相之重中德公鑛世西分韓及鐘

成氏家譜

務曰譜卷之六

祭田篇第六

成氏家譜

義田良瀘范公剏之唯　中憲公曠世而師棉力雖薄若礎有基百四十晦松江之湄歲時伏臘用備牲犧餘及昏嫁並恤孤嫠高原膴膴嘉禾離離譜祭田

祠宇篇第五 闕

成氏家譜

堂堂國旗用滿人禮祭神祭天奕葉如此夾室東西昭穆以紀大宗小宗云胡能巳歲月悠悠廟食虛矣潔爾豆籩告我孫子存此闕文濡筆以俟譜祠宇

滿爾直遵吉林族予存此闕文濡筆以俟譜祠宇

昭穆以紀大宗小宗云胡能已敢用悠悠瞻負虛矣

堂圖旗用滿人禮祭神祭天其禁如此夾室東西

戰氏家譜

祠宇圖第五 闕

烏拉薩哩巴屯 京始祖岐山公於康熙二十四年由旗撥歸烏拉總管衙門漢軍正黃旗住城北薩哩巴屯距烏拉城三十里距吉林省城一百里

其塔木屯 二世祖意彥公於□□年遷烏拉北其塔木屯距烏拉八十五里距吉林省城一百六十里

東甸子 六世存泰公於□□年遷其塔木東東甸子距屯五里

太平溝大窩堡 五世可仁公阜公於□□年遷大窩堡距其塔木十三里

太平山瓦房 五世贈騎尉公於□□年遷其塔木西北瓦房距屯五里距烏拉九十里

撥旗附

烏拉協領衙門 八世桂保以軍功補花翎防禦於□□年撥歸烏拉協領衙門正黃旗當差

吉林成氏家譜卷第四

遷徙篇第四

成氏家譜

於煌我祖肇遷於東烏拉拓地一畝之宮一遷再遷或匱或豐其塔木里耕鑿雍雍聚族於斯梓敬桑恭後者宦轍兵商與工去我閭井懷我祖功譜遷徙

遷徙篇第四

成氏家譜

後者宦職兵商與工去我閩井懷我祖功譜遷述
成遺成豐其咎不里耕鑿雍雍聚族於斯梓敬恭
於嘻我祖肇遷於東居族於地一成之宮一遷再遷

第二十七塋圖

北

○俊　王氏

○延齡　趙氏

○美　張氏　江氏

○保童

○傑　趙氏

乾山巽向

塋在其塔木西南六里三岔河陽去第二十六塋一里强兆五四至本姓地東西七十弓南北六十五弓

呂林成氏家譜卷第三

第二十六塋圖

北

北六十五步
西六十三南
至本塋地東
里額兆五四
二十六塋一
命河陽古弟
西南六里三
塋在其塔木

第二十五塋圖

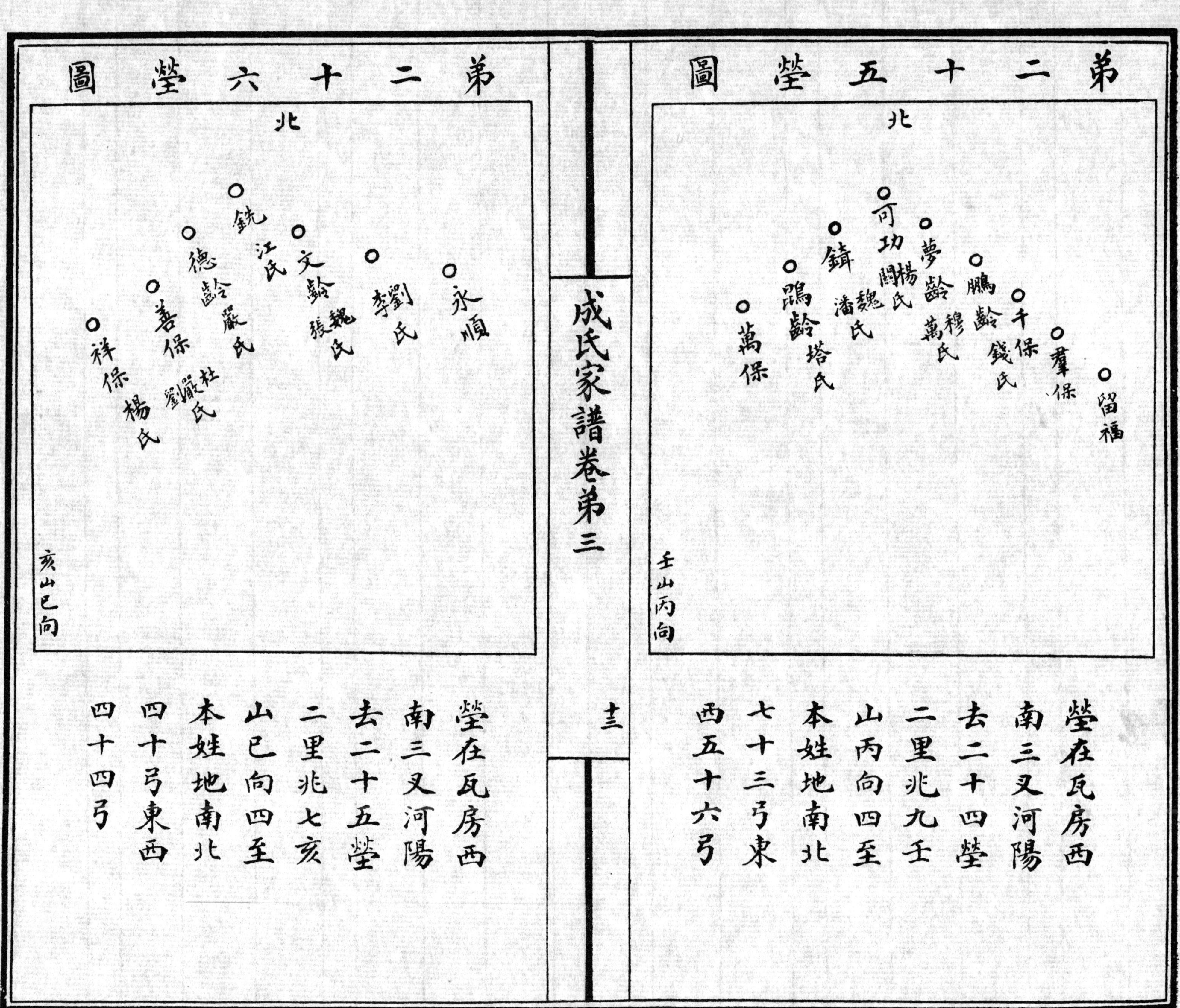

塋在瓦房西南三叉河陽去二十四塋二里北九壬山丙向四至本姓地南北七十三弓東西五十六弓

第二十六塋圖

塋在瓦房西南三叉河陽去二十五塋二里北七亥山巳向四至本姓地南北四十弓東西四十四弓

第二十五塋圖

北

壬山丙向

塋在良房西南三里河陽去二十四塋二里北九主山西向四至本姪地南北大十三方來西五十六己

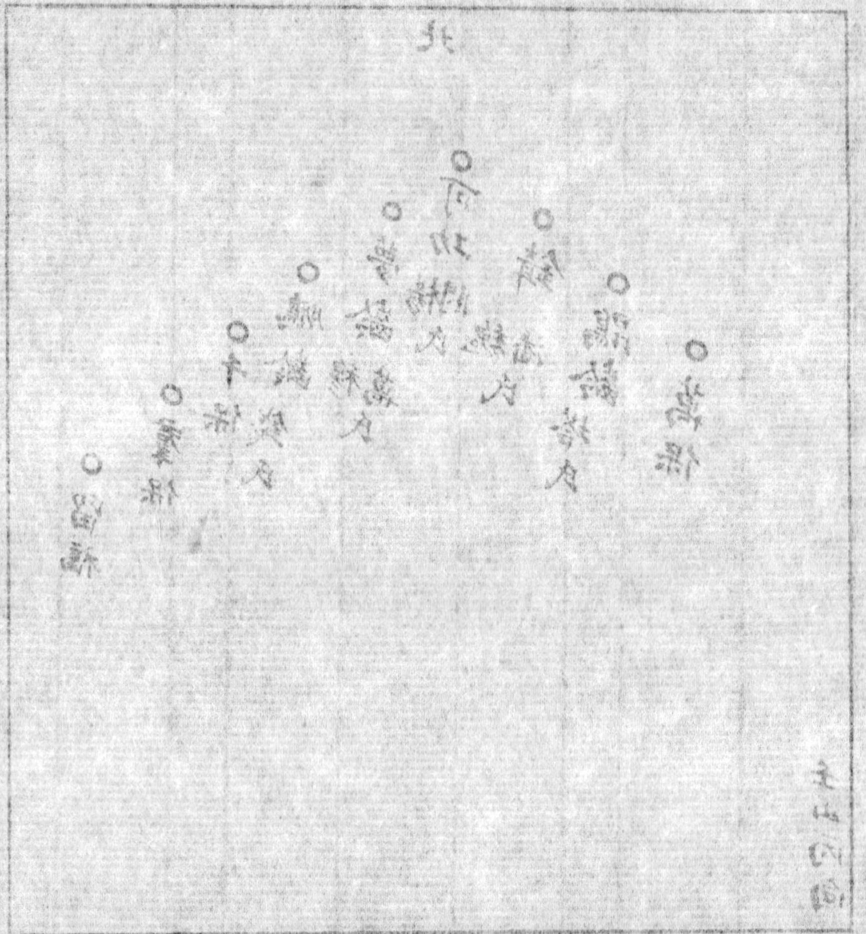

第二十六塋圖

北

亥山巳向

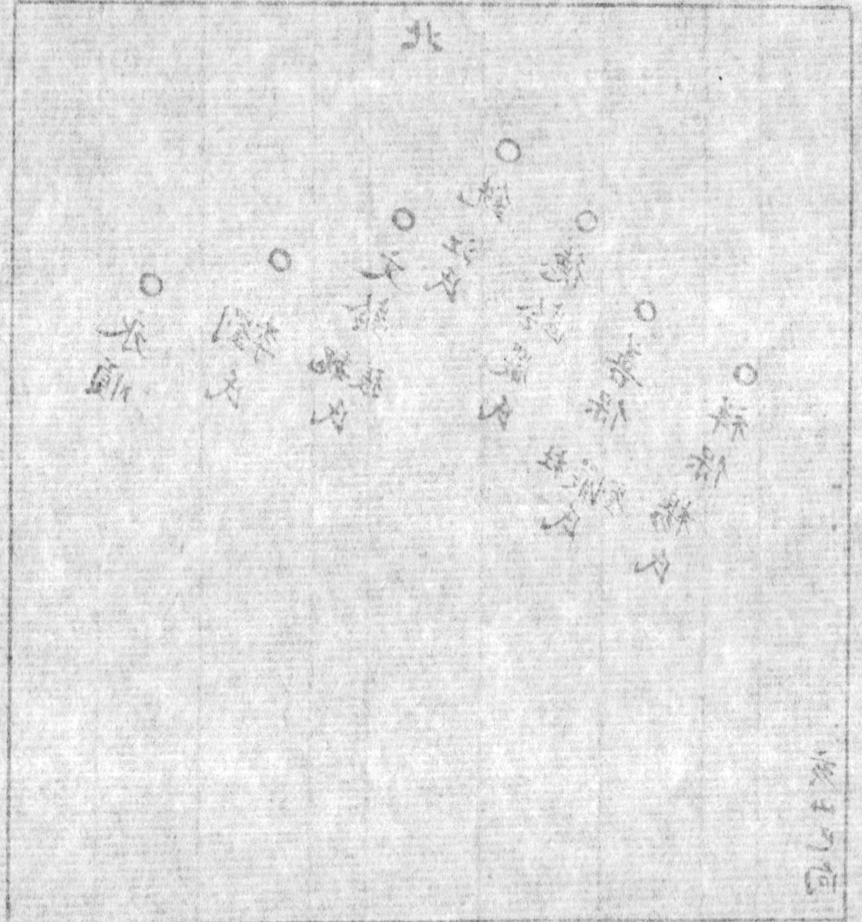

塋在良房西南三里河陽去二十五塋二里北又亥山己向四至本姪地南北四十己東西

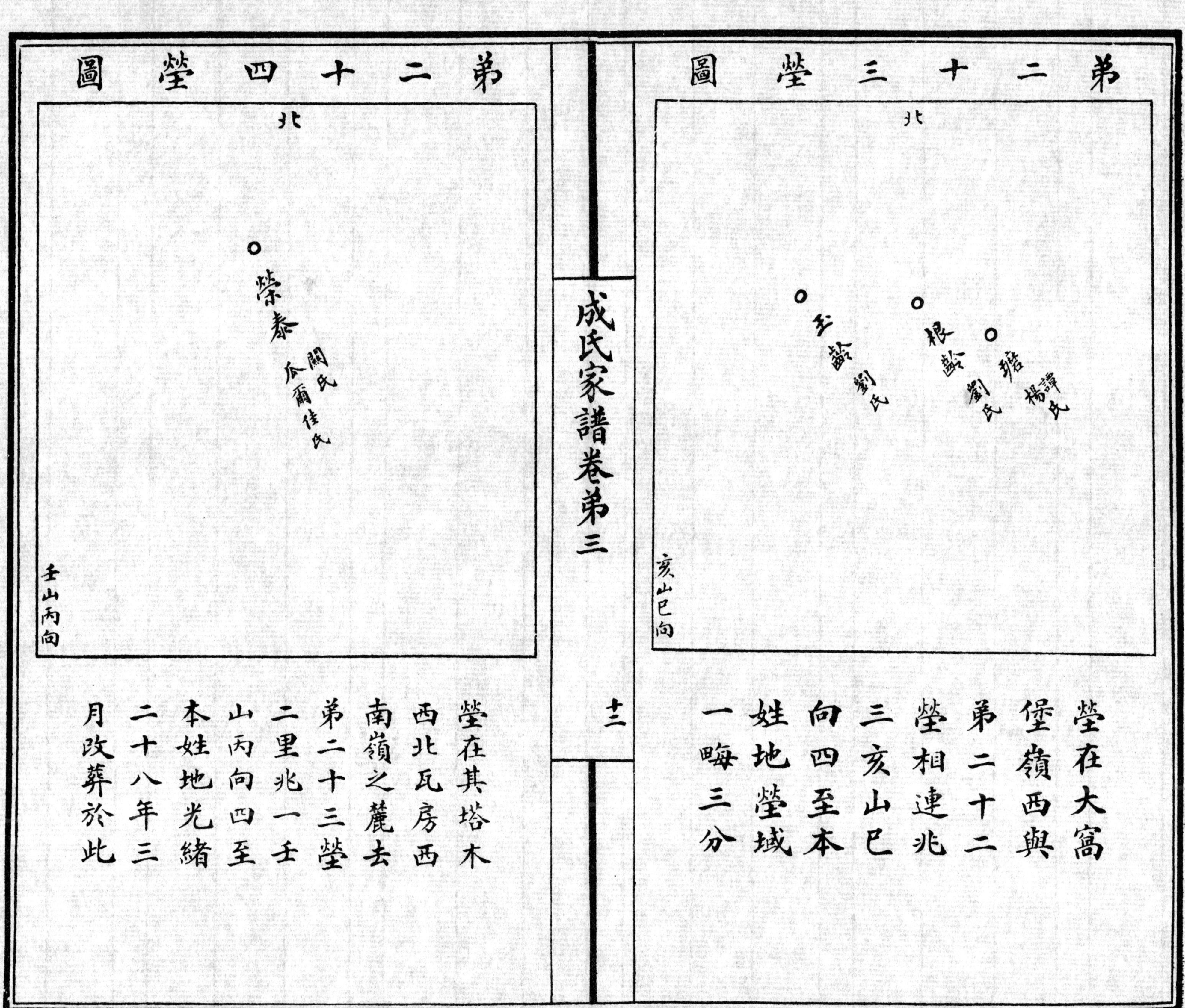

塋在大窩堡嶺西與第二十二塋相連兆三亥山巳向四至本姓地塋域一畮三分

塋在其塔木西北瓦房西南嶺之麓去第二十三塋二里兆一壬山丙向四至本姓地光緒二十八年三月改葬於此

第二十三塋圖

第二十四塋圖

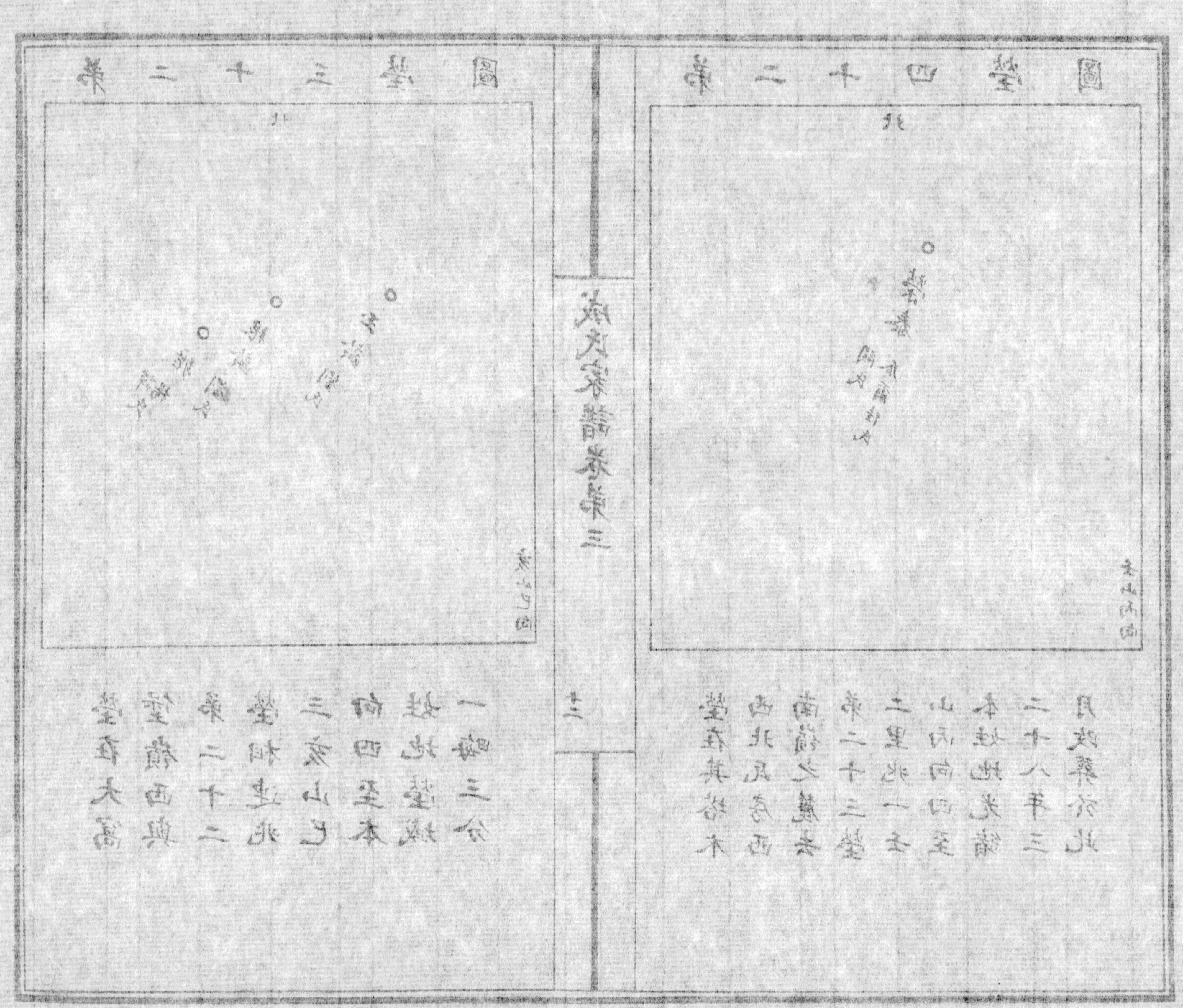

塋在大高塋嶺西與第二十二塋相連北三家山已向四至本姓地塋域一畝三分

塋在其祐本西北凡各西南嶺之麓春第二十三塋土里水一主山向向四至本姓地光緒二十八年三月改葬於北

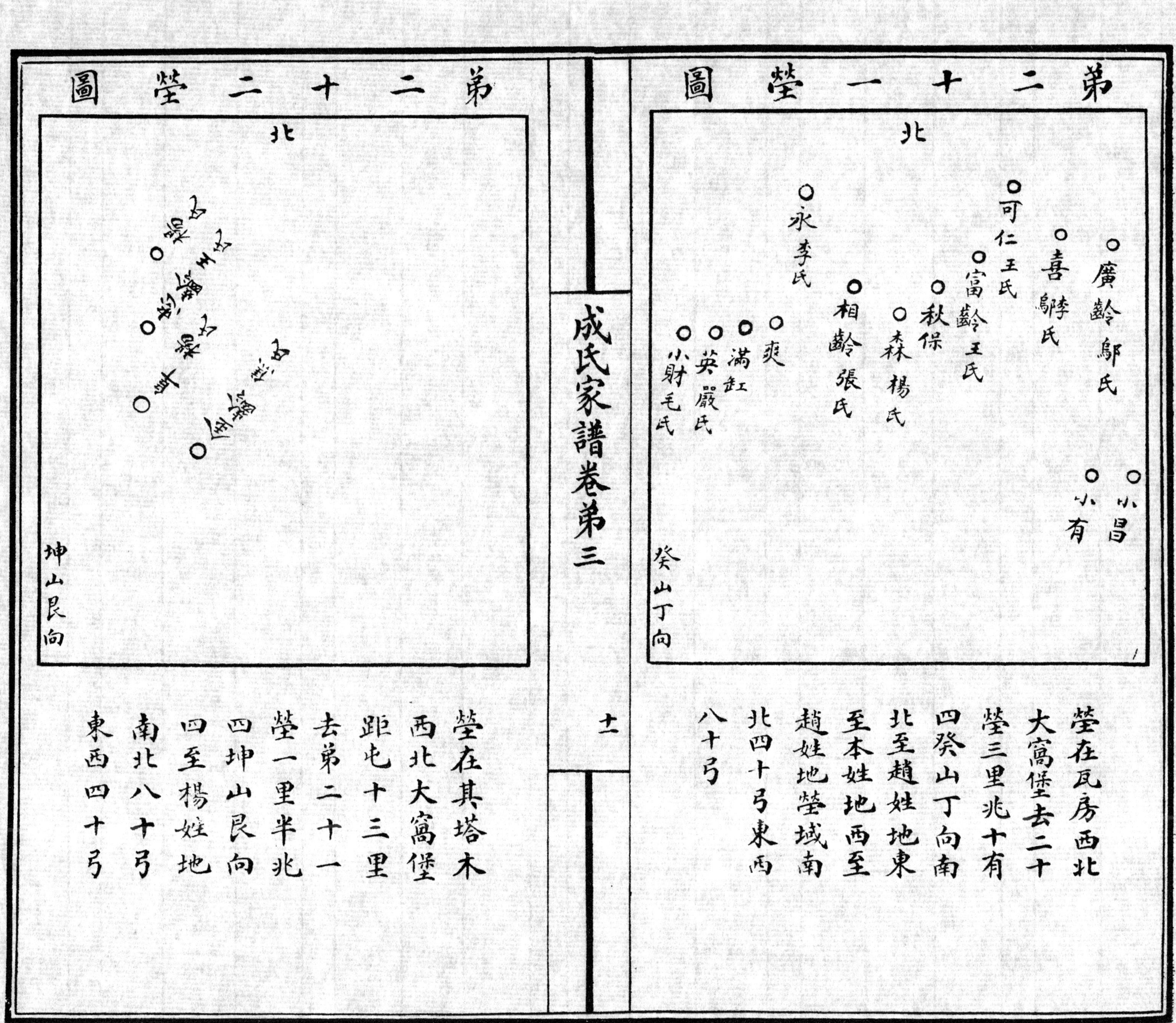

第二十一塋圖
北
廣齡鄔氏
喜鄔陸氏
可仁王氏
富齡王氏
秋保
森楊氏
相齡張氏
永李氏
爽
滿缸
英嚴氏
小財毛氏
小昌
小有
癸山丁向
塋在瓦房西北大窩堡去二十塋三里兆十有四癸山丁向南北至趙姓地東至本姓地西至趙姓地塋域南北四十弓東西八十弓
成氏家譜卷弟三
十一
第二十二塋圖
北
坤山艮向
塋在其塔木西北大窩堡距屯十三里去第二十一塋一里半兆四坤山艮向四至楊姓地南北八十弓東西四十弓

第十九塋圖

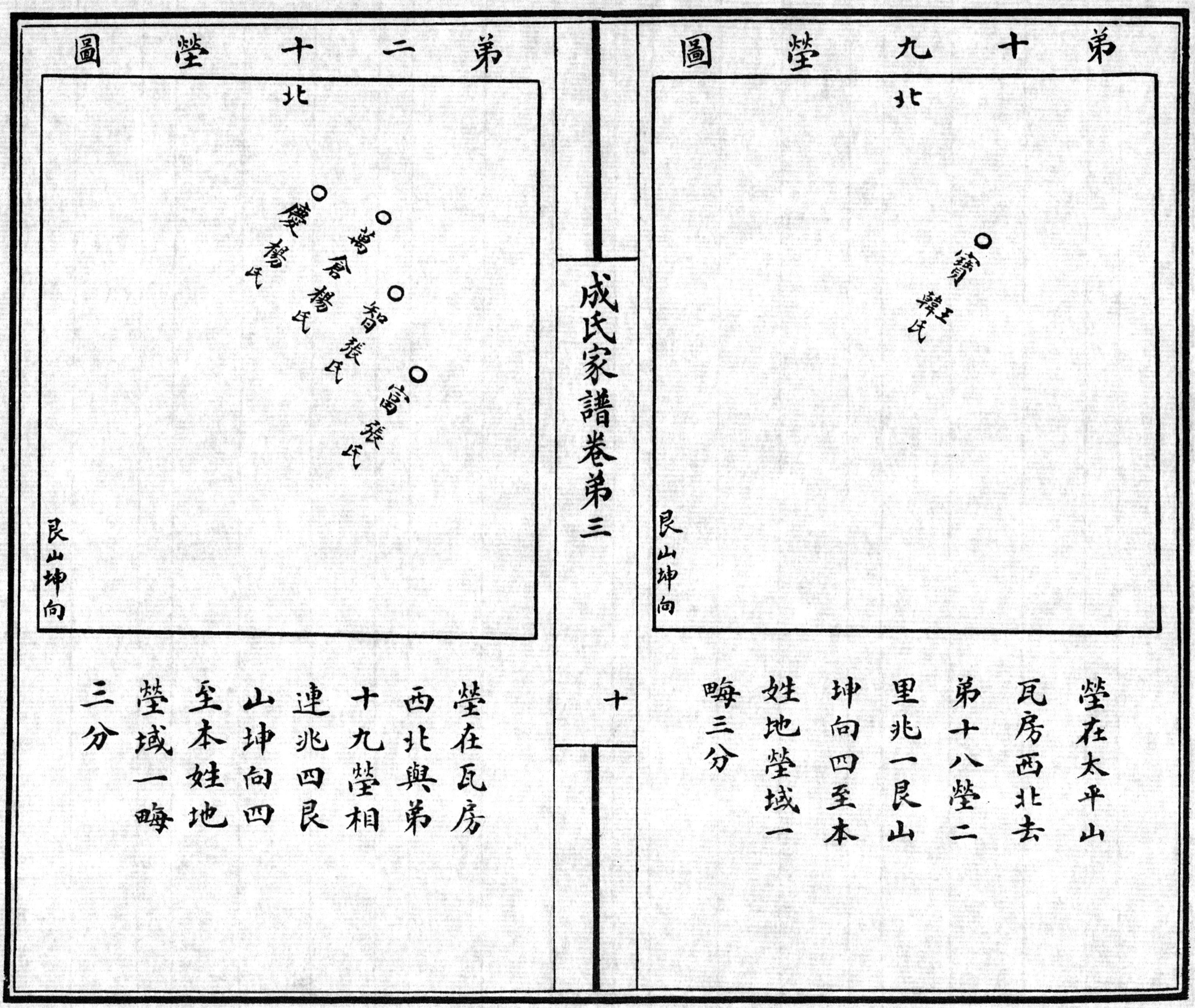

塋在太平山瓦房西北去第十八塋二里兆一艮山坤向四至本姓地塋域一晦三分

第二十塋圖

塋在瓦房西北與第十九塋相連兆四艮山坤向四至本姓地塋域一晦三分

第十九塋圖

北

艮山坤向

塋在太平山瓦店西北去第十八塋二里兆一艮山坤向四至本塋地塋致一疇三分

第二十塋圖

北

艮山坤向

塋在瓦店西北與第十九塋相連兆四艮山坤向四至本塋地塋致一疇三分

第十七塋圖

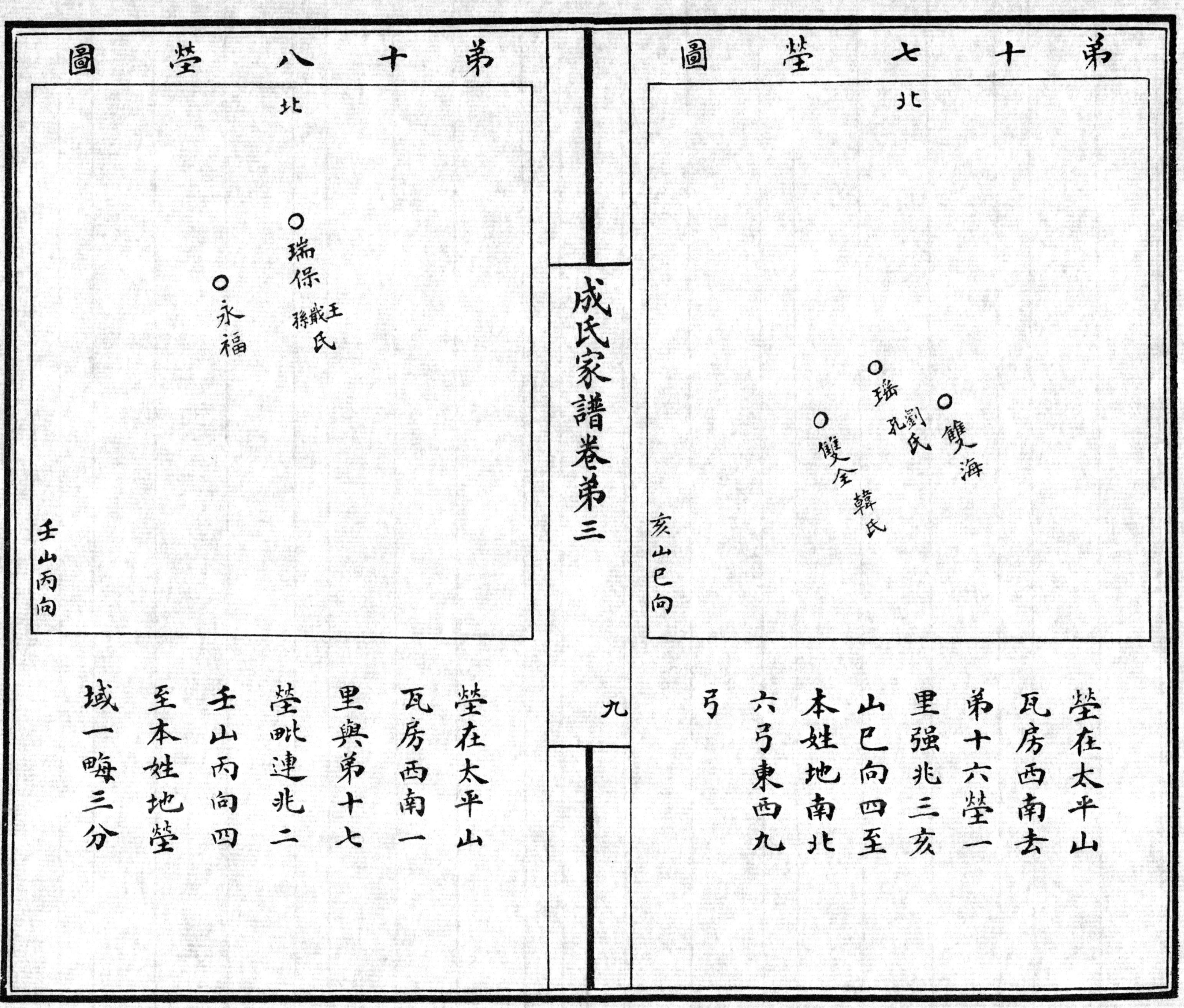

塋在太平山瓦房西南去第十六塋一里強兆三亥山巳向四至本姓地南北六弓東西九弓

第十八塋圖

塋在太平山瓦房西南一里與第十七塋毗連兆二壬山丙向四至本姓地塋域一晦三分

第十七塋圖

北

塋在太平山瓦房西南去第十六塋一里距北三丈亥山巳向四至未硃地南北六尺東西九尺

第十八塋圖

北

塋在大平山瓦房西南一里與第十七塋地連北二未山西向四至本社池塘域一畝三分

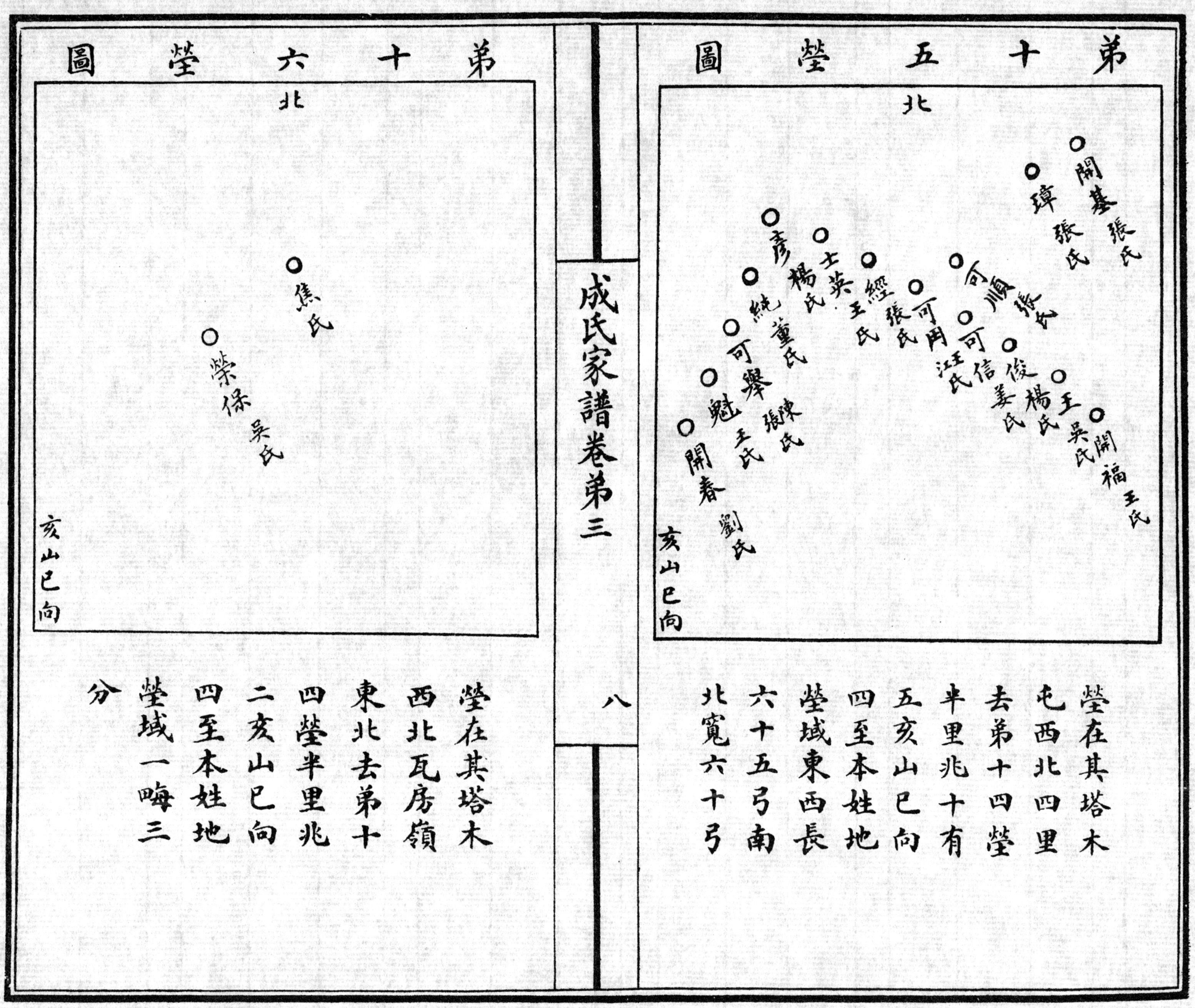

第十五塋圖

塋在其塔木屯西北四里去第十四塋半里兆十有五亥山巳向四至本姓地塋域東西長六十五弓南北寬六十弓

第十六塋圖

塋在其塔木西北瓦房嶺東北去第十四塋半里兆二亥山巳向四至本姓地塋域一晦三分

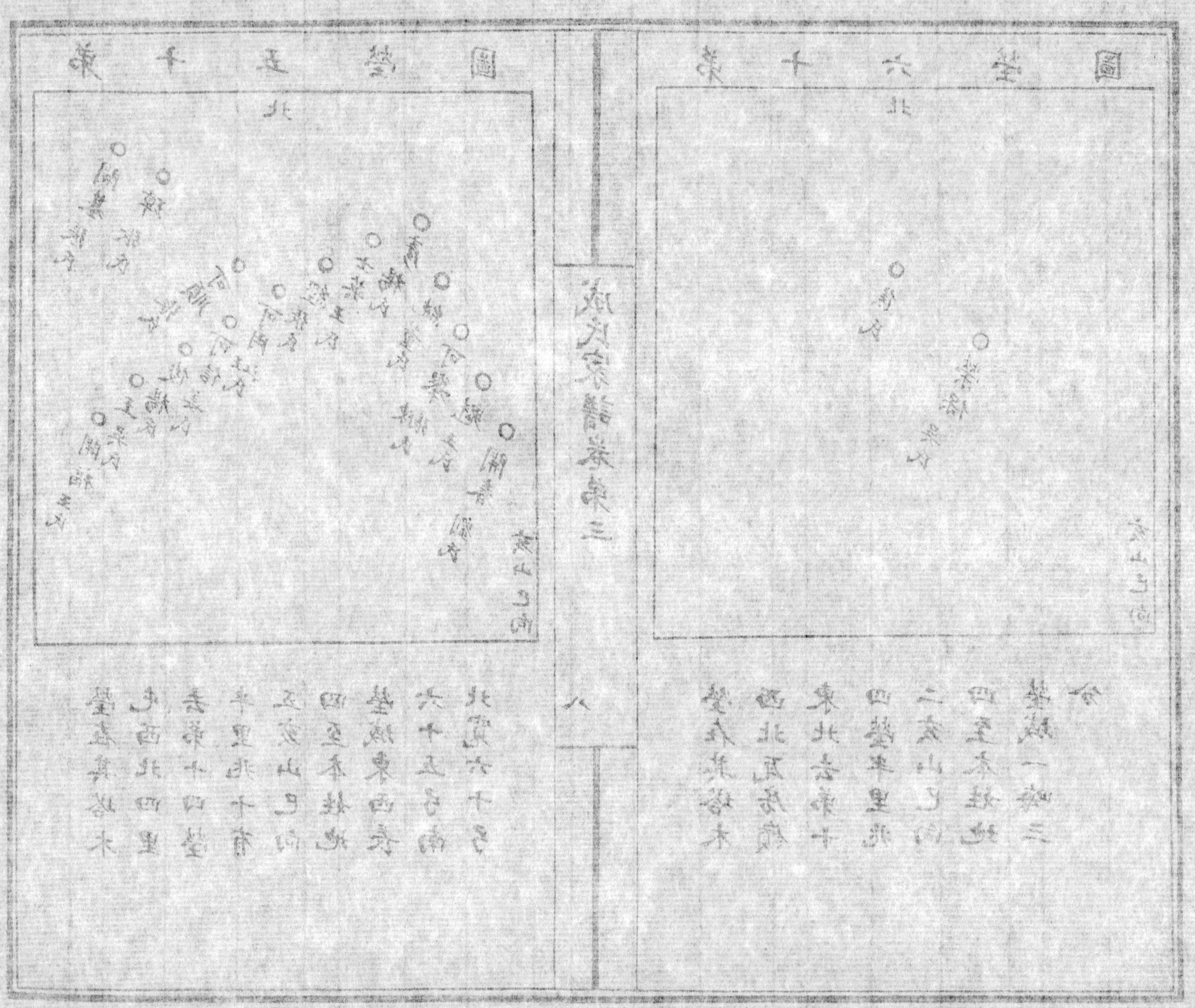

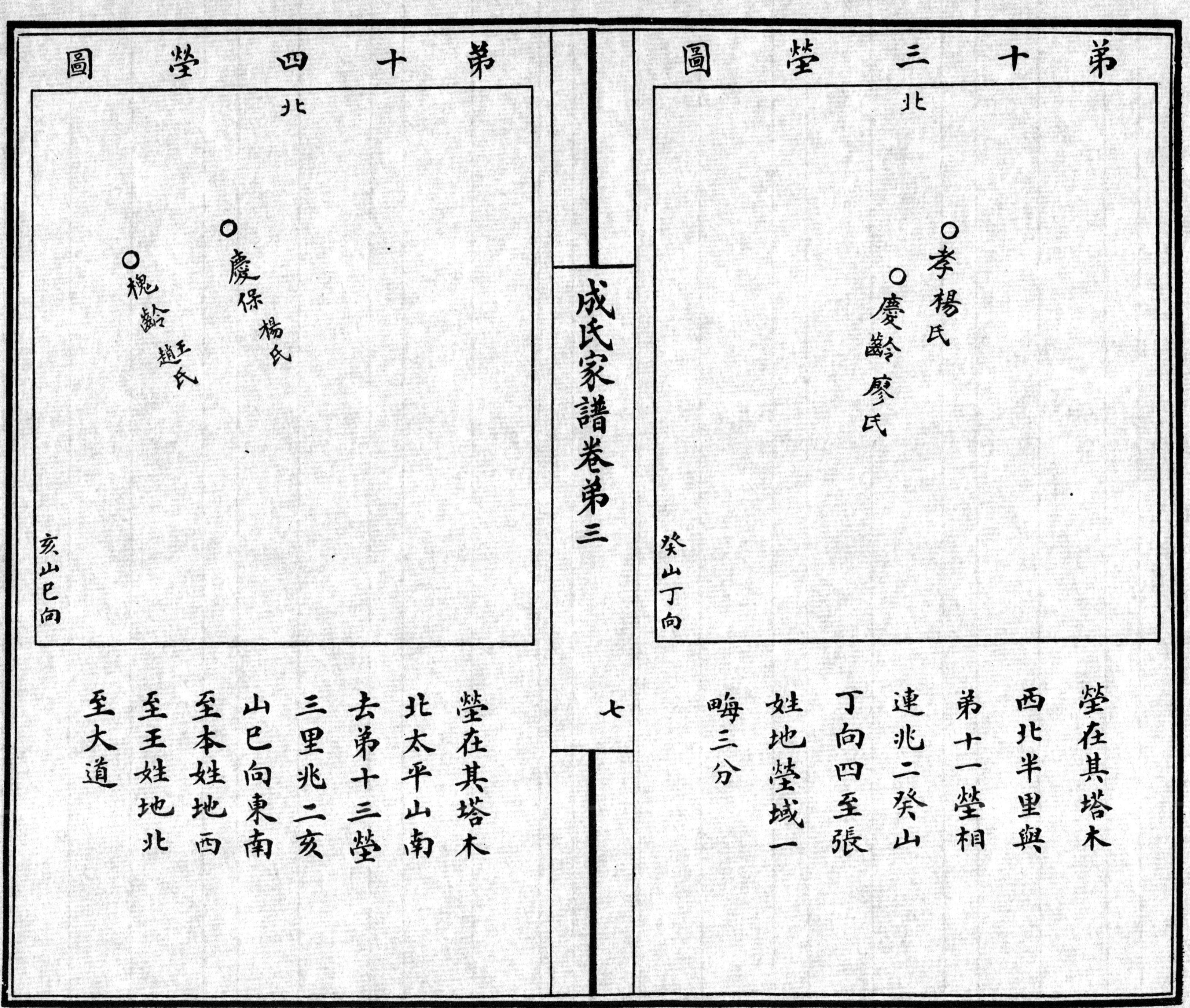

第十三塋圖

塋在其塔木西北半里與第十一塋相連兆二癸山丁向四至張姓地塋域一畮三分

第十四塋圖

塋在其塔木北太平山南去第十三塋三里兆二亥山巳向東南至本姓地西至王姓地北至大道

第十四塋圖

北

巳山亥向

○楊[illegible]超公

○[illegible]公

至大道
至王姓地北
至本姓地西
山巳向東南
三里兆二穴
去第十三塋
北太平山南
塋在其塔木

第十三塋圖

北

癸山丁向

○夔[illegible]合窆氏

○李楊氏

塢三台
姓地塋域一
丁向四至張
連兆二穴山
去第十一塋補
西北半里與
塋在其塔木

第十一塋圖

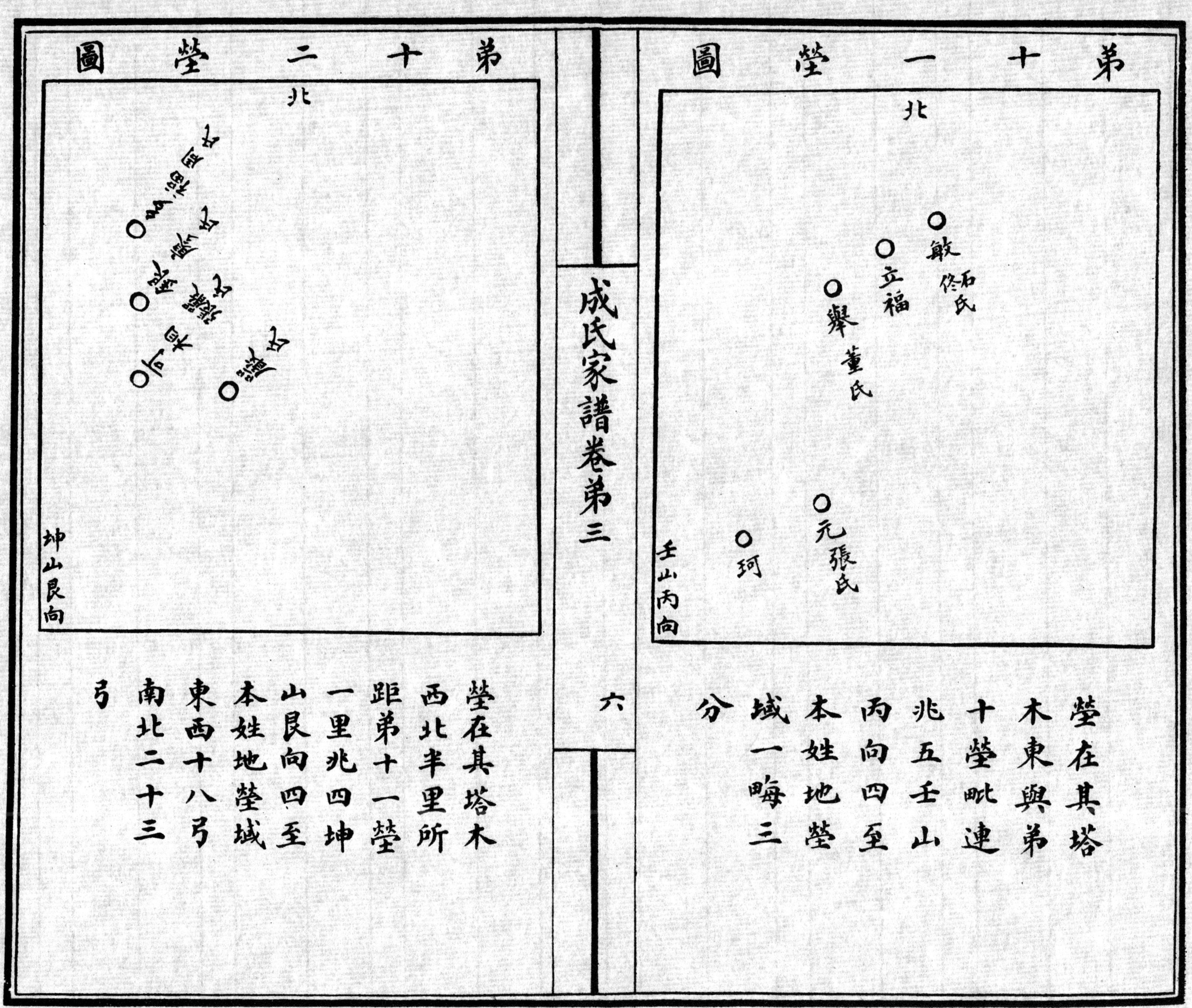

塋在其塔木東與弟十塋毗連兆五壬山丙向四至本姓地塋域一晦三分

第十二塋圖

塋在其塔木西北半里所距第十一塋一里兆四坤山艮向四至本姓地塋域東西十八弓南北二十三弓

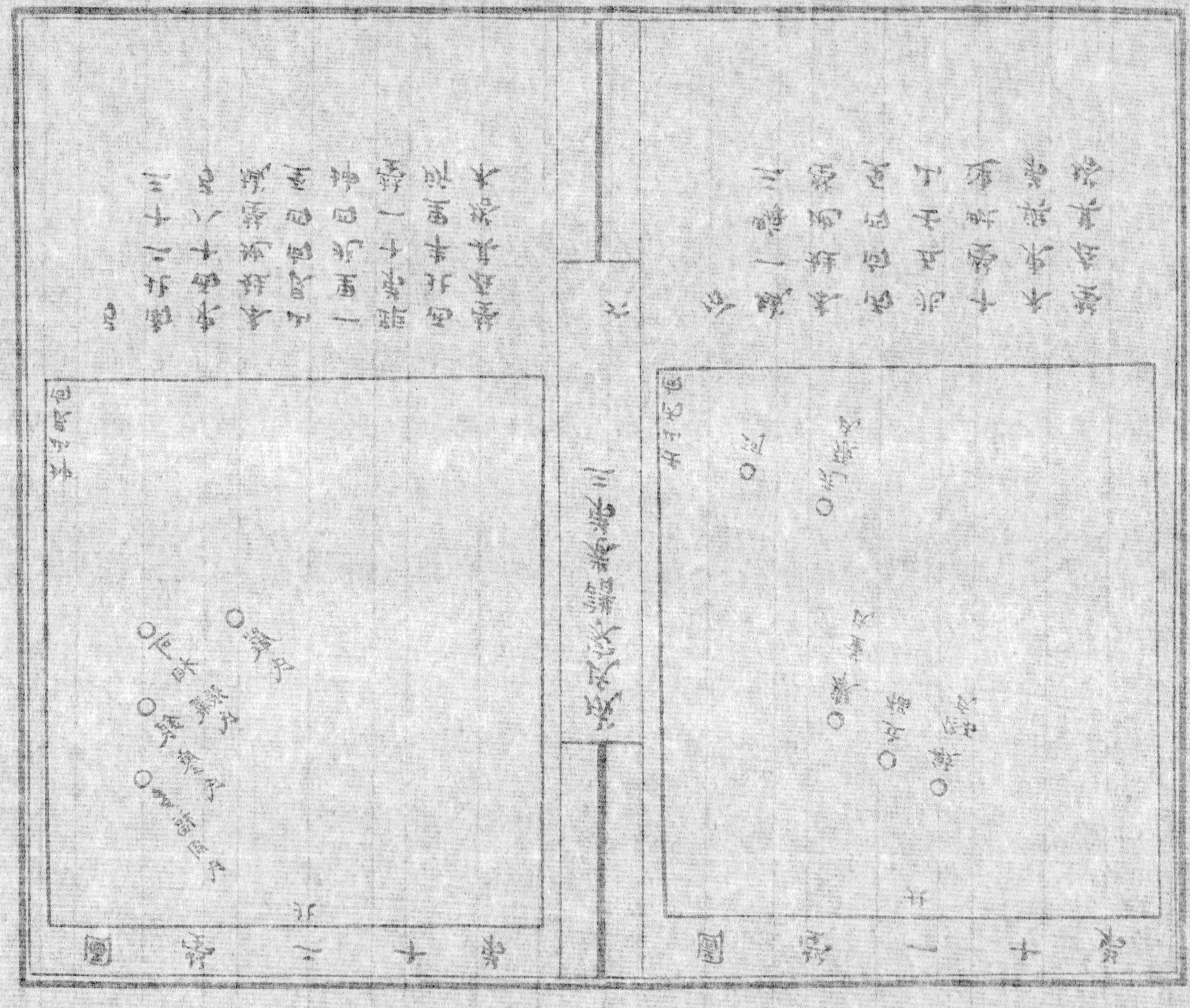

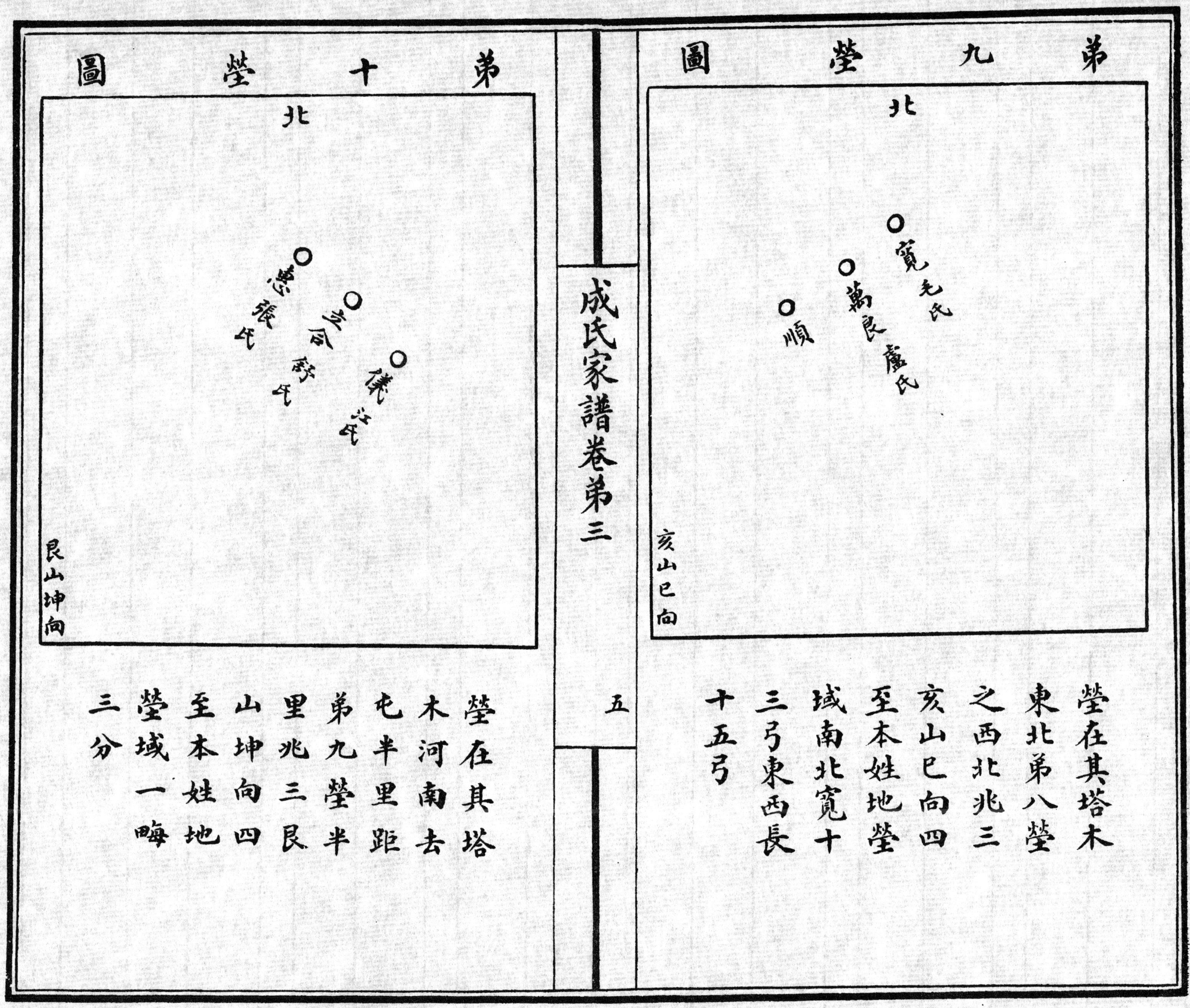

塋在其塔木東北第八塋之西北兆三亥山巳向四至本姓地塋域南北寬十三弓東西長十五弓

塋在其塔木河南去屯半里距第九塋半里兆三艮山坤向四至本姓地塋域一畮三分

第十塋圖

三分
塋滿一暐
主本坟地
山坤向四
星兆三民
弟九塋半
乙半里距
木河南去
塋森其塔

第九塋圖

十五古
三占東長
域南北寬十
至本遷地塋
穴山巳向四
之西北兆三
東北至八塋
塋在其塔本

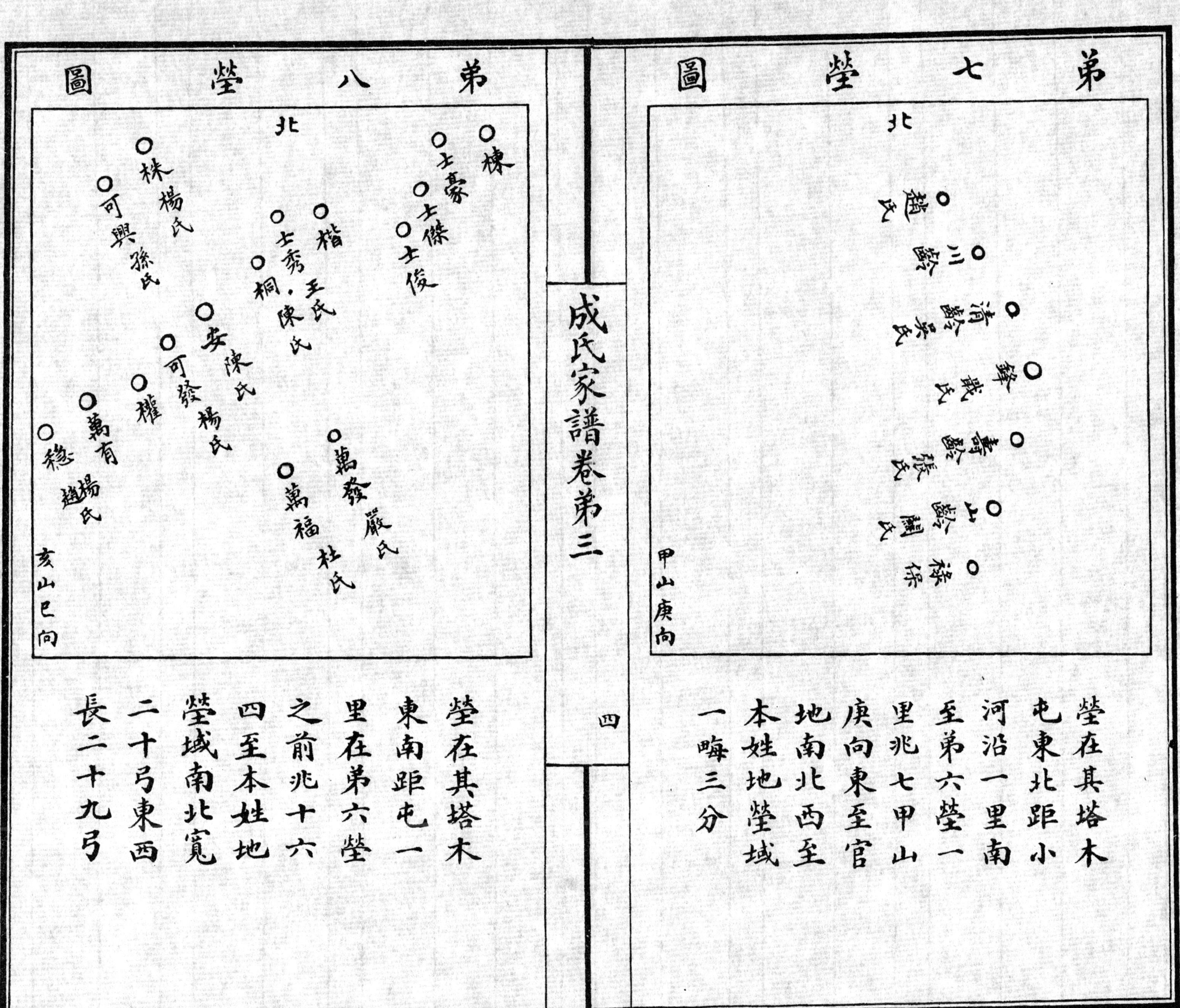

塋在其塔木屯東北距小河沿一里南至第六塋一里兆七甲山庚向東至官地南北西至本姓地塋域一晦三分

塋在其塔木東南距屯一里在第六塋之前兆十六四至本姓地塋域南北寬二十弓東西長二十九弓

第八塋圖

北

成二十九己巳
二十己東西
塋域南北寬
四至本壯地
之前北十六
里在第六塋
東南距己一
塋在其松木

第九塋圖

北

甲山庚向

一畝三分
本塊地塋域
地南北西至
濱向東至雷
里北大中山
至第六塋一
河沿一里南
已東北距小
塋在其松木

第五塋圖

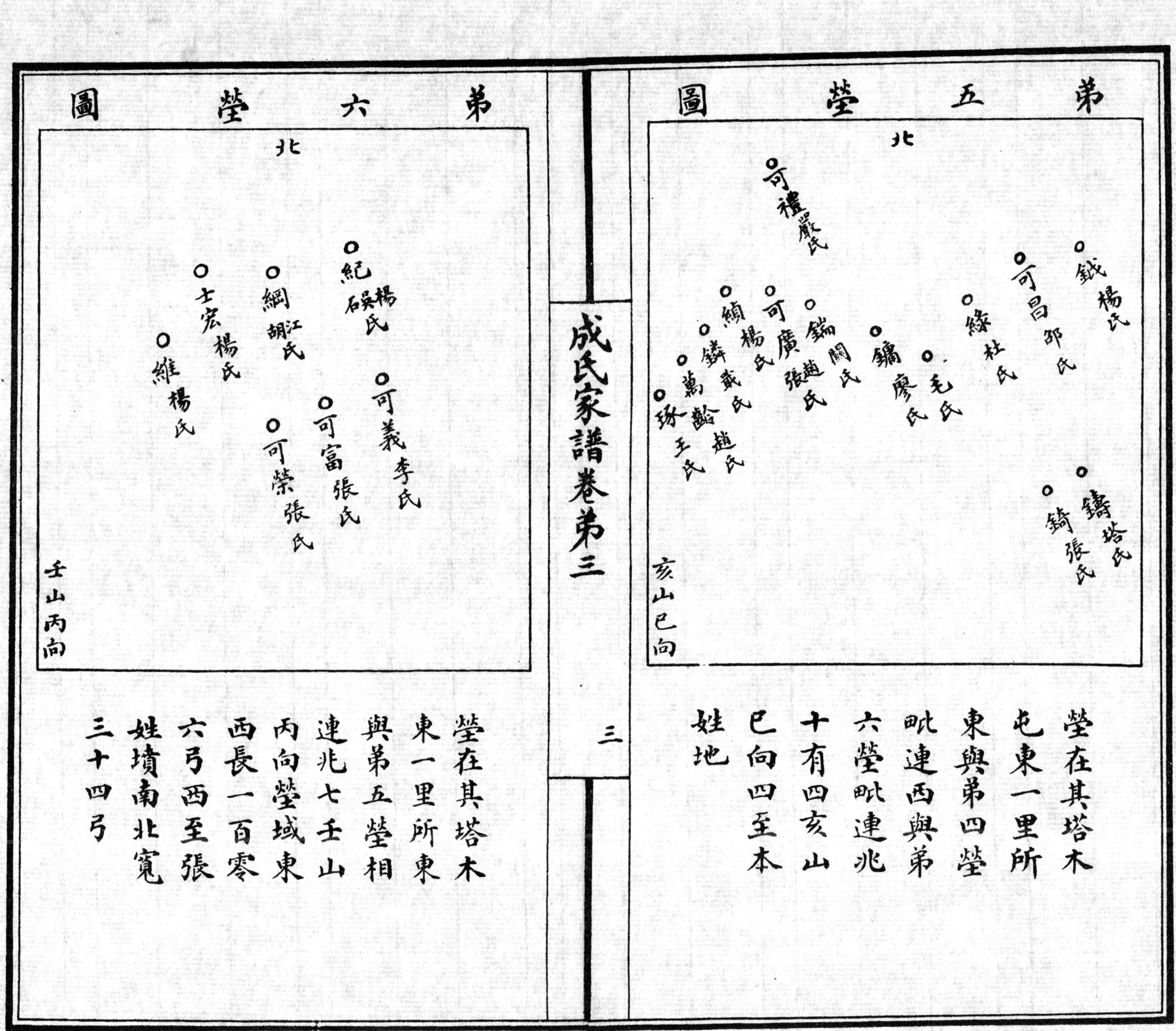

塋在其塔木屯東一里所東與第四塋毗連西與第六塋毗連兆十有四亥山巳向四至本姓地

第六塋圖

塋在其塔木東一里所東與第五塋相連兆七壬山丙向塋域東西長一百零六弓西至張姓墳南北寬三十四弓

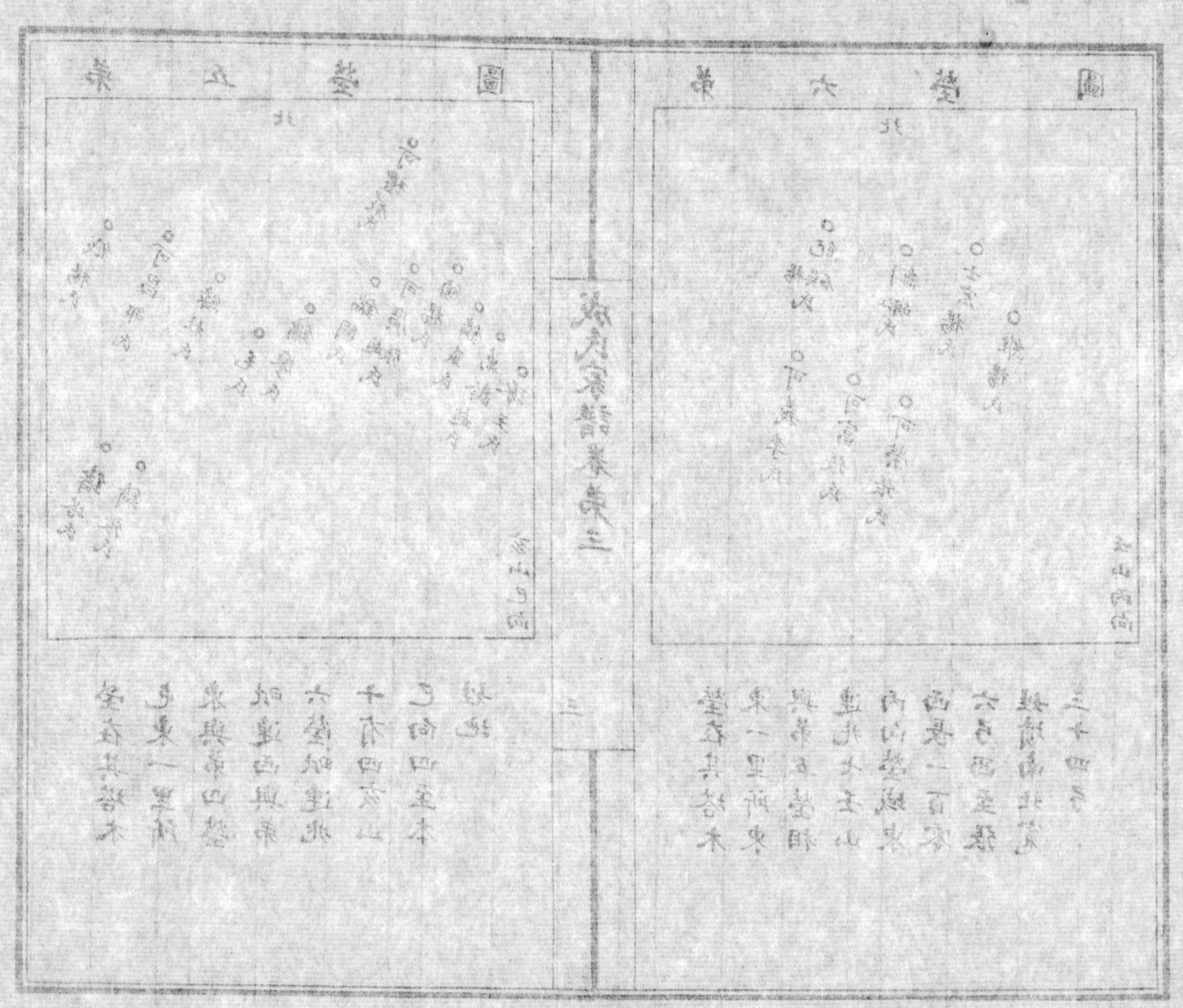

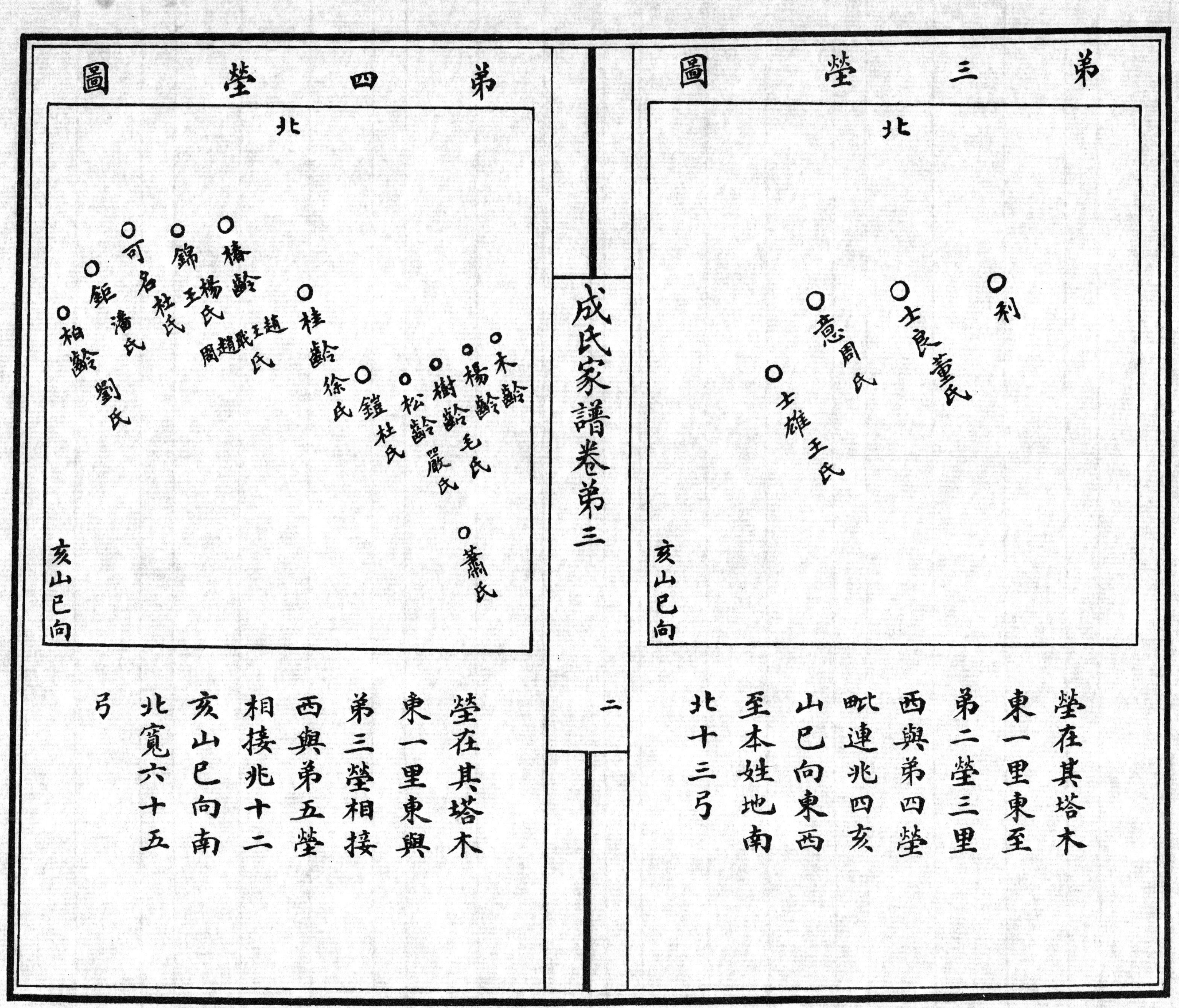

塋在其塔木東一里東至第二塋三里西與第四塋毗連兆四亥山巳向東西至本姓地南北十三弓

塋在其塔木東一里東與第三塋相接西與第五塋相接兆十二亥山巳向南北寬六十五弓

第三臺圖

北

東山口向

臺在其塔木東一里東至第二臺三里西與第四臺脈連北四家山口向東西至本縣地南北十三家

第四臺圖

北

東山口向

臺在其塔木東一里東與第三臺相接西與第五臺相接北十二家以北向南北寬六十五里

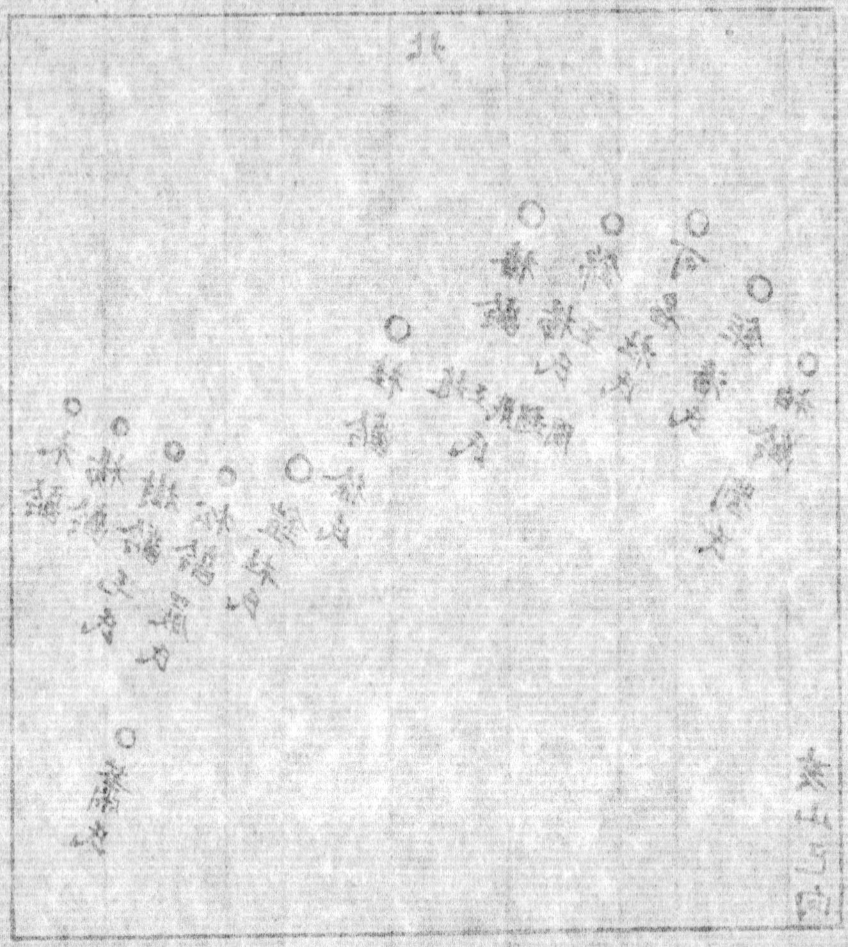

第一塋圖

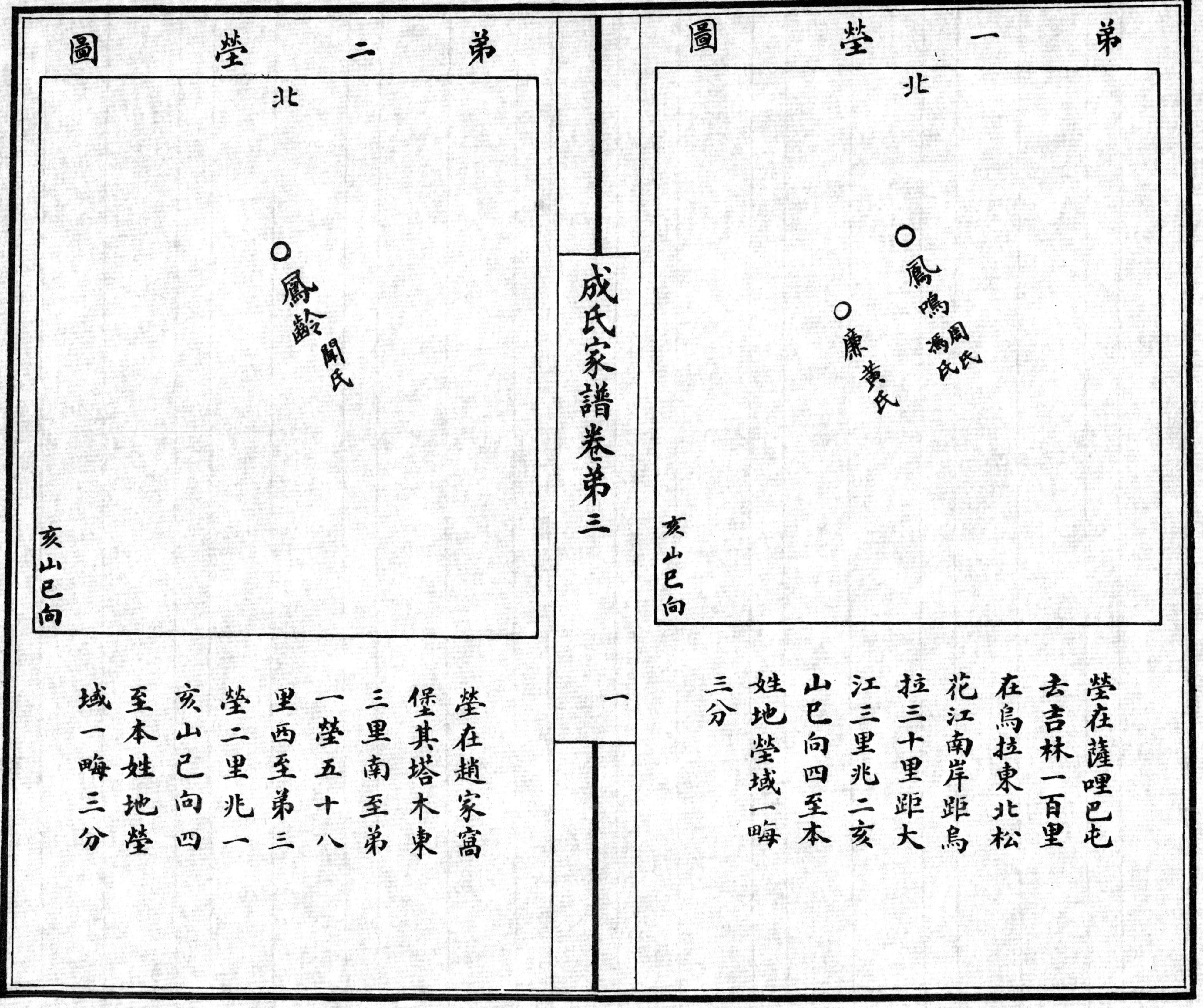

塋在薩哩巴屯去吉林一百里在烏拉東北松花江南岸距烏拉三十里距大江三里兆二亥山巳向四至本姓地塋域一畮三分

第二塋圖

塋在趙家窩堡其塔木東三里南至第一塋五十八里西至第三塋二里兆一亥山巳向四至本姓地塋域一畮三分

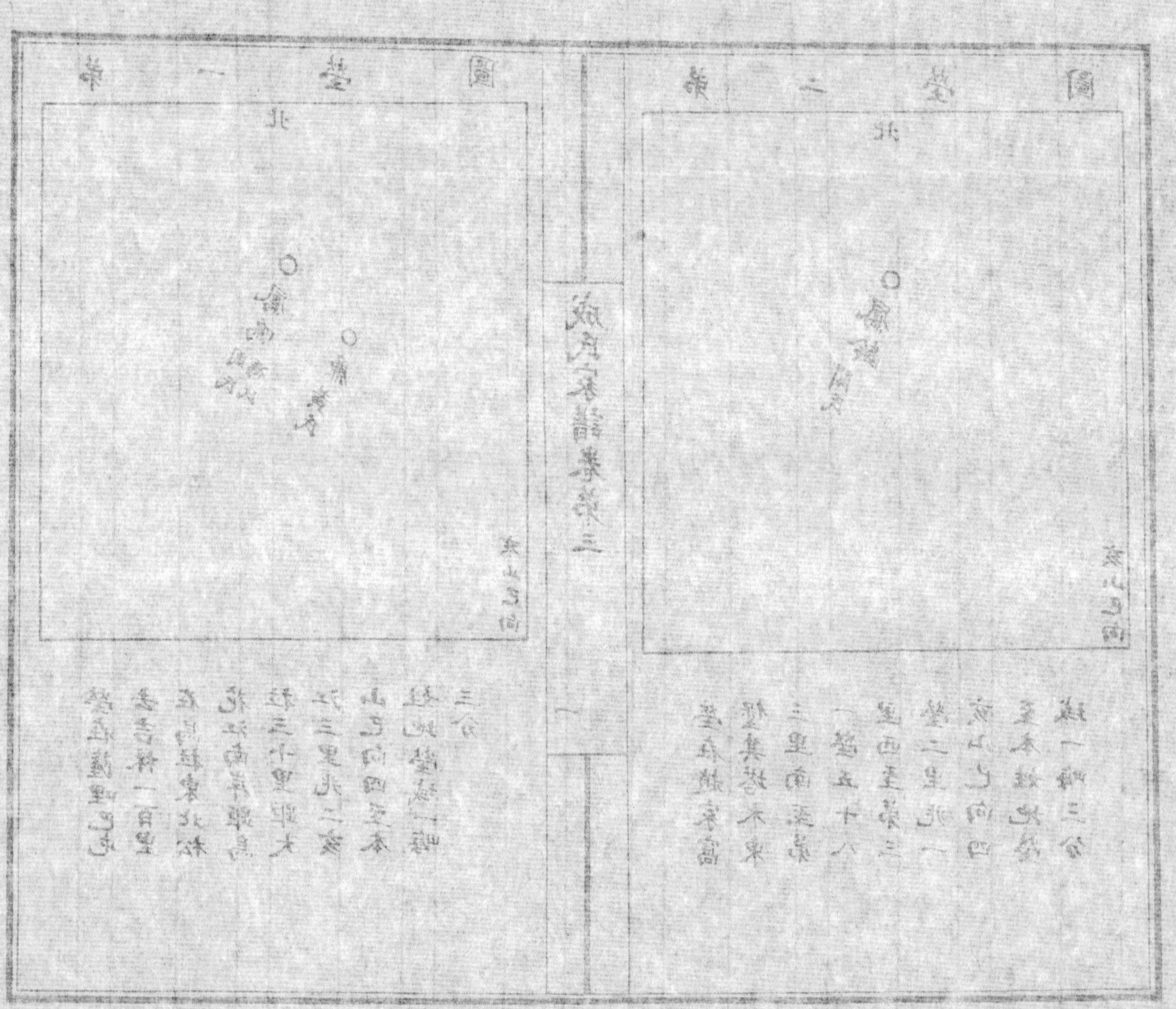

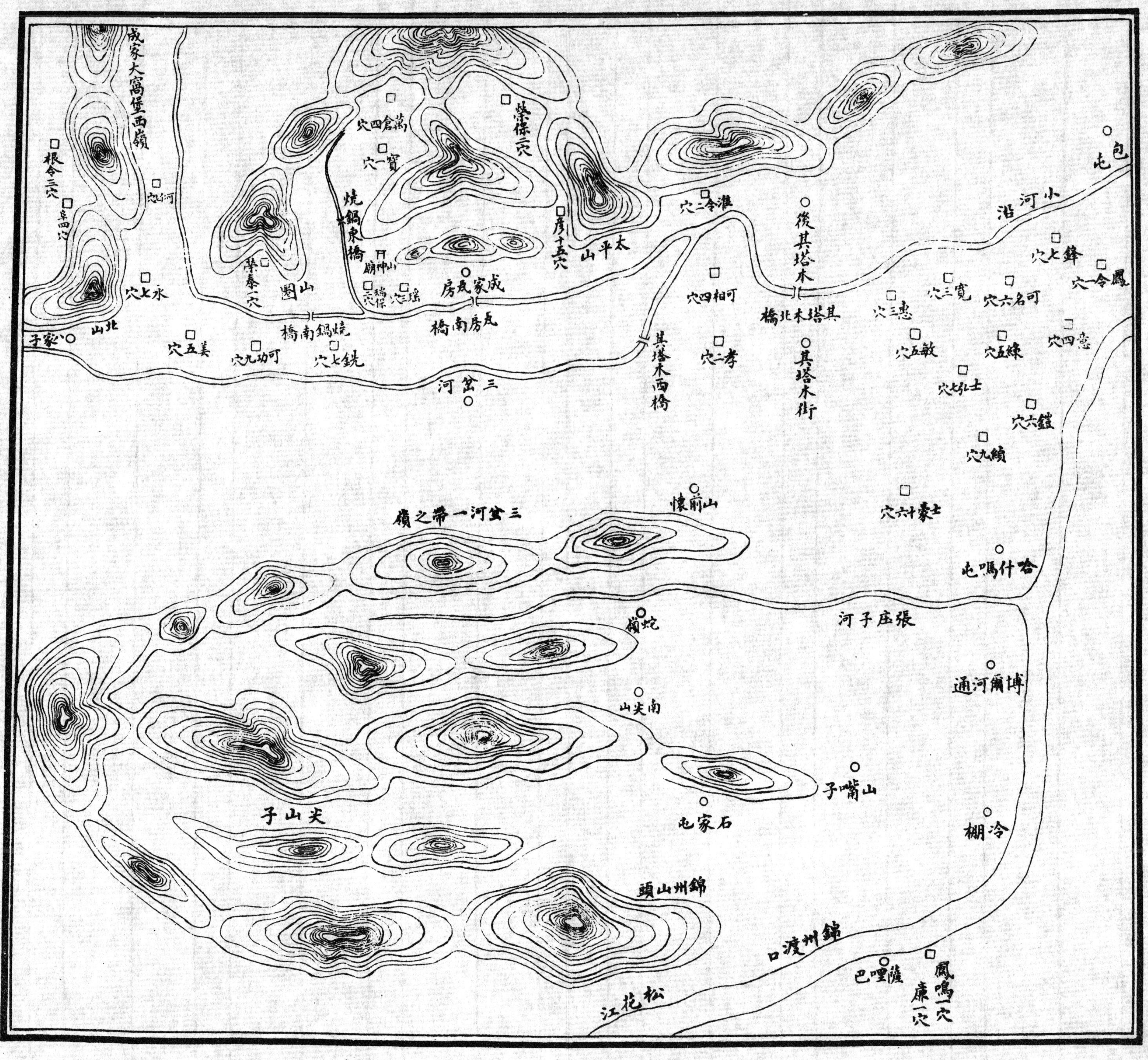
成家大窩堡西嶺
根令三穴
阜四穴
永七穴
北山
圈山
榮泰一穴
燒鍋南橋
燒鍋東橋
萬倉四穴
寶一穴
榮保一穴
彥十五穴
太平山
成家房
瓦房南橋
淮令二穴
後其塔木
其塔木北橋
其塔木西橋
其塔木街
可相四穴
孝二穴
三岔河
美五穴
可功九穴
銑七穴
包屯
小河沿
鋒七穴
鳳令一穴
可名六穴
寬三穴
惠三穴
意四穴
敏五穴
綠五穴
士弘七穴
鎧六穴
績九穴
士豪十六穴
懷前山
三岔河一帶之嶺
哈什螞屯
張庄子河
蛇嶺
博爾通河
南尖山
山嘴子
石家屯
冷棚
尖山子
錦州山頭
錦州渡口
松花江
薩哩巴
鳳鳴穴
康一穴

塋墓篇第三

成氏家譜

古不墓祭言已為經漢唐呂降禮重上陵紙幡麥飯稽首郊坰方春采藻秋末薦馨蔥蔥鬱鬱識此佳城河山不改松柏青青於萬斯年不騫不崩譜塋墓

成氏家譜卷第三　一

河山不改松柏青青兮萬斯年不騫不崩譜塋墓
譜首卯酉方春來潑欲來源鬱葱鬱鬱識此佳城
古不墓祭言已為經漢唐臣庶禮重上陵祭掃永賴

成氏家譜

塋墓篇第三